U0078923

Mystery of Coincidence
Voice from Another World
Mystery of Coincidence

只有消失其間的人才知道它的謎底

撥轉地球儀，北緯30°，這裡有世界上最恐怖的魔鬼之域和死亡之地

九死一生的恐怖謎團
北緯30度線的恐怖死亡

MYSTERIES ACROSS
THE 30TH PARALLEL NORTH

i-smart

智學堂

智慧是學習的殿堂

國家圖書館出版品預行編目資料

九死一生的恐怖謎團：北緯30度線的恐怖死亡！/陳奇勳
編著. -- 初版. -- 新北市：智學堂文化，民103.01
　　　面；　　公分. -- (神秘檔案；8)
　　　ISBN 978-986-5819-17-0(平裝)
　　　1.世界史 2.通俗史話
711　　　　　　　　　　　　　　　102023339

版權所有，任何形式之翻印，均屬侵權行為

神秘檔案：08

九死一生的恐怖謎團：北緯30度線的恐怖死亡！

編　　著 ― 陳奇勳
出 版 者 ― 智學堂文化事業有限公司
執行編輯 ― 廖美秀
美術編輯 ― 林子凌
地　　址 ― 22103　新北市汐止區大同路3段194號9樓之1
　　　　　　TEL　(02)8647-3663
　　　　　　FAX　(02)8647-3660

總 經 銷 ― 永續圖書有限公司
劃撥帳號 ― 18669219
出 版 日 ― 2014年01月

法律顧問 ― 方圓法律事務所　涂成樞律師
cvs 代理 ― 美璟文化有限公司
　　　　　　TEL　(02)27239968
　　　　　　FAX　(02)27239668

騰訊讀書 · 華夏原創網

本書經由北京華夏墨香文化傳媒有限公司正式授權，
同意由智學堂文化事業有限公司在港、澳、臺地區出版中文繁體字版本。
非經書面同意，不得以任何形式任意重制、轉載。

恐怖的30°謎團：
30°曲線上的恐怖死亡

撥轉地球儀，北緯30°，這裡有世界上最恐怖的魔鬼之域和死亡之地，猶如一條死亡的飄帶，傳染著無法解釋的宇宙魔力，處處沾有生命的鮮血。神出鬼沒的幽靈潛艇、蹤影全無的神祕失蹤、莫名其妙的飛機失事，無時無刻不把恐懼滲透到人的內心。

神祕的死亡地獄

陰間的地獄
人類似乎無處可考，
人間的地獄卻隱約在30°緯線。

人類在地球上並非處處都是主人，某些地帶，是人類的
地獄，動物的天堂。

驚悸的死亡海域

一朵朵浪花，
綻開了生的希望，
也鋪開了死亡之路。

指引黃泉路的神奇寶藏

寶藏從來都是埋於地下，

沉於海底。

—— 冥冥中註定了黃泉路的誘惑。

九死一生的恐怖謎團

Mysteries Across
The 30th Parallel North

北緯30度線的恐怖死亡！

神祕的
死亡地獄

陰間的地獄
人類似乎無處可考，
人間的地獄卻隱約在30°緯線。

恐怖魔溝

黑竹溝的霧撲朔離奇得像軟綿綿的飄布，一旦深入其中，就會把你包圍，把你吞沒。

1950年，國民黨胡宗南殘部30餘人，仗著武器精良，穿越黑竹溝，入溝後無一人生還，因此，這裡留下了「恐怖死亡谷」之說。黑竹溝究竟是什麼地方，竟然如此之恐怖？

黑竹溝位於峨眉山西南約100多公里的峨邊彝族自治縣，地跨斯合鎮、勒烏鄉和金岩鄉，面積約180多平方公里，它是四川盆地與川西高原、山地的過渡地帶，境內重巒疊嶂，溪澗幽深，迷霧繚繞，給人一種陰沉沉的感覺，這裡地理位置特殊，自然條件複雜，生態原始，彝族古老的傳說和彝族同胞對這塊神奇的土地非常崇拜。並曾出現過數次人、畜進溝神祕失蹤現象。

黑竹溝，至今能親臨其境的旅遊者甚少，由於媒體

的披露，人們時有所聞，它以新、奇、險的特點，吸引著爲數眾多的攝影家、科學家組成的考察隊深入其中探險揭祕，有人說她是「恐怖魔溝」，有人說她是「中國的百慕達」，又有人說她是一條普普通通的小山溝。

據不完全統計，自1951年至今，川南林業局、四川省林業廳勘探隊，部隊測繪隊和彝族同胞曾多次在黑竹溝遇險，其中三死三傷，二人失蹤。據當地的彝族長者介紹，黑竹溝山勢險要，地質構造複雜，地貌類型多樣，既保留有角峰、冰斗、刃脊、V形谷等第四紀冰川遺跡，又具有複合漏斗、暗河、深谷峭壁等喀斯特地貌特徵。

黑竹溝由於山谷地形獨特，植被茂盛，再加之雨量充沛，濕度大，經常是迷霧繚繞，濃霧緊鎖，使溝內陰氣沉沉，神祕莫測，此處的山霧千姿百態，清晨紫霧滾滾，傍晚煙霧滿天，時近時遠，時靜時動，忽明忽暗，變幻無窮，據當地彝胞講，進溝不得高聲喧嘩，否則將驚動山神，山神發怒會吐出青霧，將人畜捲走，考察者分析，人畜入溝死亡失蹤原因，迷霧造成的可能性很大，人們進入這深山野谷的奇霧之中，地形又不熟，很

難逃脫這死亡谷的陷阱。當地人和考察者總結出這樣一個順口溜「石門關，石門關，迷霧暗溝伴深潭；猿猴至此愁攀緣，英雄難過這一關。」

1997年7月，中國四川省林業廳森林勘探設計一大隊來到黑竹溝勘測，宿營於關門關附近。身強力壯的高個子技術員老陳和助手小李主動承擔了闖關門石的任務。第二天，他倆背起測繪包，每人用紙包上兩個饅頭便朝關門石內走去。可是到了深夜，依然不見他倆歸來的蹤影。從次日開始，尋找失蹤者的隊伍逐漸擴大。川南林業局與鄰近縣組成百餘人的尋找失蹤者的隊伍也趕來了。他們踏遍青山，找遍幽谷，除兩張包饅頭用過的紙外，再也沒有發現任何蛛絲馬跡。

9年後，川南林業局和鄰近縣再次組成二類森林資源調查隊進入黑竹溝。因有前車之鑒，調查隊做了充分的物資和精神準備，除必需品之外還裝備了武器和通信聯絡設備。由於森林面積大，調查隊入溝後仍然只能分組定點作業。副隊長任懷帶領的小組一行人，一直推進到關門石前約兩千米處。這次，他們請來了兩名彝族獵手做嚮導。當關門石出現在眼前時，兩位獵手不願再往

前走。大家好說歹說，隊員郭盛富自告奮勇打頭陣，他倆才勉強繼續前行。及至峽口，他倆便死活也不肯再跨前一步。

副隊長任懷不忍心再勉強他們。經過耐心詳細的解釋，副隊長不好容易才與他們達成一個折中的協定：將他倆帶來的兩隻獵犬放進溝去試探試探。第一隻獵犬靈活得像猴子一樣，一縱身就消失在峽谷深處。但半個小時過去了，獵犬杳如黃鶴。第二隻黑毛犬前往尋找夥伴，結果也神祕地消失在茫茫峽谷中。

兩位彝族同胞急了，不得不違背溝中不能高聲吆喝的祖訓，大聲呼喚他們的愛犬。頓時，遮天蓋地的茫茫大霧不知從何處神話般地湧出，幾個人儘管近在咫尺，彼此卻無法看見。驚慌和恐懼使他們冷汗直流。副隊長任懷只好一再傳話：「切勿亂走！」五六分鐘過後，濃霧又奇蹟般消退了。頓時玉宇澄清，眼前依然古木參天，箭竹婆娑。隊員們如同做了一場噩夢。面對可怕的險象，為確保安全，隊員們只好返回。

黑竹溝，至今仍籠罩在神祕之中，或許只有消失其間的人才知道它的謎底。

美國聖克魯斯鎮的怪異

在這裡，你可以飛簷走壁，可以懸掛一切物體而不會垂直於地面。

　　在美國的聖克魯斯鎮，有兩塊神奇的魔板石，兩座神祕的小木屋，魔板石能讓你忽高忽低，小木屋裡的一切東西都是傾斜的，人一進去就有一股神奇的力量使之傾斜，這又是怎麼回事？

　　聖克魯斯鎮位於北緯30度，是大自然賦予了它神祕，它「嚴重」違反了牛頓的萬有引力定律。萬有引力定律中的地球重力磁場在這個彈丸之地突出的異樣表現，令眾多的科學家為之困惑。

　　從美國的聖克魯斯鎮，驅車南行約5分鐘，就會到達一個不同平常的地方，人們稱為魔鬼地帶，面積約1.7萬平方米。這裡有一片茂密的樹林，稀奇的是，這林中的樹木，如同遭遇12級颱風侵襲一樣，都向著同一個方

向大角度傾斜，就像向日葵永遠朝著太陽長一樣，亙古不變。在這片森林中，就有兩塊神奇的魔板石和兩座神祕的小木屋。

神祕地帶的入口處，有兩塊長約50釐米、寬約20釐米的青石，這兩塊石板僅相距約40釐米。看上去，與普通石板沒有區別，可一旦有人站上去，奇異現象馬上就會出現，其中一塊能使人顯得高大，而另一塊卻會令人變得又矮又胖，人能隨魔石變幻著。當時懷疑石塊有高低，於是有人拿出水平儀測量，可結果兩塊石塊處於同一個水平面，也有人拿卷尺測量人站在石板上的身高與站在其他地方的身高，結果完全一樣.這看上去人體的增高與縮小，究竟是人們的視覺失錯呢？還是其他原因？

接著進入小木屋，這時要小心些才好，屋裡馬上會有一股強大的力量向你襲來，似乎要把你推到重力的中心點去。靈敏的人雖然可以就近抓緊把手，與這股力量抗爭，但不出10分鐘，你就會感到頭昏眼花，像暈船一般難受。在小木屋裡，人們可以在沒有任何扶持工具的情況下，自然地站在房子的牆壁上，甚至可毫不費力地在牆壁上自由安閒地行走，有點像中國的飛簷走壁。

在相鄰的另一間小木屋的橫樑上懸掛著一條鐵鍊，鐵鍊的下端繫著一個直徑25釐米、高約5釐米的盤狀圓形物體，看上去沉甸甸的，如同臺鐘的鐘擺。稀奇的是，將這個鐘擺向一個特定方向輕輕一推，甚至微微碰一下，就能擺動起來；相反，人若往反方向推，即使用勁推，鐘擺也動不起來。更有趣的是，這個鐘擺的擺動十分稀奇，每過五、六分鐘，它就會自然畫起圓圈來。這些現象的原因，科學家們至今還無法解釋清楚。

聖克魯斯鎮的神奇魔板石、詭祕的小木屋，引起了眾多專家、學者的重視，同時也贏得了世人的關注。科學家們陸續來到聖克魯斯鎮，對此進行了周密的勘測。

物理學家認爲：這很可能是「重力移位」現象，他們根據「萬有引力」學說，認爲物質結構的密度越大，則引力越強。在坡頂端地下，很可能有一塊密度很大的巨石和空洞，引起了這種奇異的現象。但這個引起「位移」的物質至今並沒有找到。

在英格蘭斯特拉斯克萊德的克羅伊山公路中，也有令人迷惑的現象。從北部駛向這座小山，會碰到離奇事，司機眼看前面道路向下傾斜，總以爲車速會加快，

因而把車速降低，結果汽車嘎的一聲完全停止。事實與表面現象相反，那條路並非下坡路，而是上坡路。從南部來的駕駛人也同樣產生顛倒混亂的感覺。他們以為是向上行駛，於是加速，結果發現車子比預期的速度快得多，其實那條路是「下坡」路。

曾有人認為，那地方四周的岩石含有大量鐵質，存在磁場，感應出磁力，因而產生強大的引力，將汽車拖上山坡。但這個說法現在也遭到摒棄。有人認為，此種感覺是視覺假像，或由當地的非凡地開造成，或由於地球磁場發生局部變化。

無論是奇魔板石、奇異的怪坡，還是詭祕的小木屋，科學家們都無法解釋清楚，因為它們完全背離了萬有引力定律。因此，美國的聖克魯斯鎮不僅吸引了全世界的遊人，更引起了許多科學家的關注。一旦解破謎底，不但意味著人類傳統的重力觀念的全新變革，而且必然會帶來人類在實現極速星際航行方面的根本突破。

俄羅斯利雅迪三角

「鬼打牆」，走不出的原點。

　　俄羅斯的普斯科夫地區隨時都充滿了一種神祕感：這麼一個貌似平常的谷地自古以來卻老愛鬧「惡作劇」，使利雅迪及其附近的居民極度不安。這裡成了與「百慕達三角」一樣的恐怖地區。

　　2003年7月13日，67歲的採蘑菇老人葉甫蓋尼因找雞油菌在利雅迪村附近的「鬼谷」裡迷了路。老人是個善於辨認各種蹤跡的人，因此在路邊等他的夥伴一開始並不怎麼著急。但時間一分一秒地過去，他們一直等了一天一宿，老人還是不見蹤影。到了第三天，此事驚動了戰士、專家和警犬。不過警犬也只是無奈地搖搖尾巴。戰士們雖然把所有的蕨科植物叢都搜過一遍，還邊搜邊大聲呼叫，可就是找不到老人。

　　帶隊的軍官們急了，懷疑他很可能早已溜回家，

於是下令撤走戰士們和警犬。可事實上,這些日子老人一直都是不知所措的在「鬼谷」裡轉著圈兒,餓了就吃籃子裡的鮮蘑菇,邊走還邊禱告上帝,時間彷彿都停滯了。在高大挺拔的松樹和大片的蕨科植物中間,白天成了夜晚,可到了晚上又繼續做著白天的噩夢。到了第五天早上,老人眼前開始出現幻景。一會兒他像是在一個被遺棄的少先隊夏令營裡漫步,一會兒又像是聽到小丘後面有運木材車駛過的軋軋聲響。到了第十天,老人耗盡最後的氣力,蜷著身子躺在軟乎乎的苔蘚上,在有氣無力地等死。

可是老人的親人和朋友並沒放棄找到他的希望,他們相信他還活著。他的親屬、來自利雅迪村的醫務人員和當地的孩子,都加入了尋找他的行列。他們的吆喝聲震撼了利雅迪的大地,但老人就是聽不見。

終於,礦石村的尼娜老奶奶聞到谷地裡有一種蘑菇的腐爛味道。老奶奶嚇得跑回家,將這一情況告訴了孫子安德列,後者趕快下谷地去尋找。7月22日晚上,他聽到從樹叢裡傳來微弱的呼吸聲。原來老人乾瘦的身子就蜷縮在樹叢裡。安德列安慰了老人幾句,馬上回村去搬

27

援兵，一個小時之後老人被送往醫院。

俄羅斯《共青團真理報》對「鬼谷」一再有人失蹤感到好奇和憂慮，決定2004年復活節前夕派出記者尤里和薩沙前去探祕。

兩位記者對這次探險做了充分準備：寫下了遺囑，還了債，到澡堂去洗了個澡，換了一身乾淨衣服。因為歷史上曾有20多人都在這個「百慕達三角」失蹤。為了不重蹈前人的覆轍，他們買了最好的國產指南針，帶了足夠吃10天的乾糧，準備了一根5公里長的採蘑菇者專用的尼龍繩。他們想，如果將尼龍繩拴在路口的一棵樺樹上，不管魔鬼把他們帶到哪裡，最後總能回到這個地方。

最初的5個小時，他們彷彿置身在一個魔幻的童話世界裡。一個個小山坡，一條條溝壑，湍急的河水、小溪，奇形怪狀的老樹幹，被伐得亂七八糟的樹林。不久，他們開始有些忐忑不安起來，因為發現所帶的國產指南針不是那麼可靠，指標一個勁兒地朝四面八方亂擺，其誤差大概得有90度左右，有時甚至100度，最後乾脆停擺。更糟糕的是，後來他們還發現手機也沒有了訊

號，森林給人一種陰森恐怖的感覺。現在要想走出「利雅迪三角」，唯一的希望就是那根指路的尼龍繩了。他們把腳步放到了最慢的程度，邊走邊用棍子杵腳下的地。等繩子到了盡頭，他們可真是嚇壞了：繩子從中間斷掉了，另一頭找不著了……

不知從什麼地方飛來一隻黃色的蝴蝶。牠在他們跟前左右翻飛，一會兒飛開，一會兒飛到臉前，像是要領著他們朝前走。

「瞧！那可是少先隊夏令營啊！」薩沙突然叫了起來。

那是夏令營無疑！薩沙甚至看到了夏天能住的小屋，貼了標語的宣傳陳列架，還有一尊掉了一隻胳膊的女少先隊員石膏像。奇怪的是，尤里卻沒看到什麼夏令營。當他們走過這個海市蜃樓般的夏令營時，發現只有一塊堆著木頭的林中曠地。

天漸漸黑了下來。他們只有在森林裡過夜，搭起帳篷，生起篝火，可是心裡並不踏實，天剛亮他們又往前趕路。

一直到快接近中午，他們才碰到一個人，向此人詢

問了所在方位後，看了一眼地圖，不禁一陣狂喜。原來他們在這一帶轉了一個大圈。

俄羅斯科學院歷史學、博物學和工程學研究所研究人員、工程學博士亞歷山大‧克賴涅夫說：「從附近的那個『礦石村』名稱來看，這一帶有豐富的鐵礦層，所以指南針才會胡亂擺。這裡的地形特點又造成了能讓人迷路的影響效果。如果沒有方位物可供參照，人永遠就只會在一個地方轉圈兒，因爲右腿邁的腳步總是比左腿要大一些。」

這位科學家的說法是無可挑剔的，但又怎麼解釋不同人所看到的那座廢棄的少先隊夏令營呢？不錯，右腳邁的腳步是比左腳要大一些。於是，人在森林中迷路之後，便會逆時針在5～12公里的半徑內轉來轉去。但需要提醒讀者的是，尤里他們這次離最近的住家也就只有1公里半遠。「鬼谷」的奧祕還是沒有完全揭開。

加州「死亡谷」：生與死交融之地

人類在地球上並非處處都是主人，某些地帶，是人類的地獄，動物的天堂。

　　在美國加利福尼亞州與內華達州相毗連的群山之中，有一條特大的「死亡谷」。

　　它長225公里，寬6～26公里不等，面積達1400多平方公里。峽谷兩「岸」，懸崖絕壁，地勢十分險惡。

　　這裡也是北美洲最熾熱、最乾燥的地區。幾乎常年不下雨，更有過連續六個多星期氣溫超過四十攝氏度的記錄。每逢傾盆大雨，熾熱的地方便會激起滾滾泥流。見者不寒而慄，聞者談之色變。

　　印第安人在此所遺留的文化殘骸，可追溯至9000年前，但「死亡谷」之惡名直至150年前才被宣揚開來。

　　1849年冬，一列往金山的淘金隊伍抄快捷方式橫越該谷，因不敵此地惡劣的天候，導致無垠的黃沙中憑

31

添白骨數堆。成功穿越山谷的少數人在離開此地時傷心的說了句「Good bye Death Valley」，Death Valley由此得名。

死亡谷形成約在300萬年前，由於地球重力將地殼壓碎成巨大的岩塊而致，當時部分岩塊突起成山，部分傾斜成谷。直至冰河時代，排山倒海的湖水灌入較低地勢，淹沒整個盆底，經過幾百萬年火焰般日光的蒸熬酷曬，這個太古世紀遺留下來的大鹽湖終於乾涸了。如今展露在大自然下的死谷，只是一層層覆蓋泥漿與岩鹽層的堆積。

據說在1949年，美國有一支尋找金礦的勘探隊伍欣然前往「未開墾的處女地」，因迷失方向而涉足其間，幾乎全隊覆滅。幾個僥倖脫險者，不久後也神祕地死去。此後，有些前去探險或試圖揭開死亡谷之謎的人員，也屢屢葬身谷中。

後來，科學家用航空偵察，驚詫地發現這個人間活地獄，竟是飛禽走獸的「極樂世界」。據航測統計，在這死亡谷裡大約繁衍著300多種鳥類、20餘種蛇類、17種蜥蜴，還有1500多頭野驢，牠們居然在那裡悠然逍遙。

牠們或飛、或爬、或跑、或臥，好不自在。

　　時至今日，也沒有人清楚的知道這條峽谷爲何對人類是如此的兇殘，而對動物卻是如此的仁慈。

　─ 神祕的死亡地獄 ─

九死一生的
恐怖謎團

Mysteries Across
The 30th Parallel North

北緯30度線的恐怖死亡！

驚悸的
死亡海域

一朵朵浪花，
綻開了生的希望，
也鋪開了死亡之路。

死亡漩渦區

死亡的漩渦，一旦靠近，厄運即將降臨。

地球上的北緯30°一直是死亡的高發地帶，而且這些死亡事件都非常地神祕，事先沒有任何徵兆。令人毛骨悚然，談而色變。1975年，科學家們提出，地球上還有12個像百慕達三角洲那樣的「魔鬼海區」。南、北半球各有五個，南、北極區各一個。因為這些海區的海水在運動時形成一種大規模垂直繞動的漩渦，因此又被稱作「死亡漩渦區」。

它們在北半球的地理位置：百慕達、日本本州南部、夏威夷至美國大陸間的海域、地中海及葡萄牙沿岸。它們在南半球的分佈：非洲東南部、澳大利亞西海岸、新西蘭北部海區、南美洲東部和東南太平洋中部。

如果我們在世界地圖上標出這些海區的位置，並且從一個海區向另一個海區畫線，那麼你將會訝異的發

現，它們在地球上是等距離分佈的。而且，整個地球被它們的連線劃成20個等邊三角形，每個海區都處在這些三角形的結合點上。南、北半球的異常海區都位於緯度30°線上，並以72°經度間隔均勻地環繞地球分佈。這些海區的海流、漩渦、氣漩、風及海氣之間的相互作用、磁暴等，都遠比其他的海區劇烈和頻繁。例如，南半球最典型的異常海區是在非洲東南沿海，海浪高達20米，海流流速達每小時7～9公里。從南非的德班北部理查灣到東倫敦長達250公里的海區，是世界上最危險的航區之一，1952年以來，已有近20艘大船在此海區沉沒。

北極海區雖然終年冰封，可冰層下面海流運動所形成的巨大上升水渦流，足以把幾米厚的冰蓋頂破，衝擊冰面。而南極洲嚴寒的高原地帶，存在著一股高達萬米的氣旋性大氣渦旋，支配著整個南極洲的大氣環流。

人們對異常海區產生的原因作出了種種假設，如磁和重力異常、磁暴、大氣偏差、地震、海嘯、時空翹曲、地球內部的死光、引導天外來客的水下裝置、某些星體按一定規律的排列等。可是，令人滿意的答案至今沒有找到，飛機和船隻在那裡遇難的事件還繼續發生。

鄱陽湖老爺廟

大自然的神祕之謎，是那麼奇絕、怪異，那麼撲朔迷離
……

    美麗富饒的鄱陽湖，碧波千層，浩瀚萬頃，水天相連，渺無際涯，養育著世代居息的湖邊人。然而，它也不時地掀起狂風惡浪，製造沉船事故，給人們帶來災難。據史料記載，在鄱陽湖北湖區老爺廟附近的水域，每年至少有好幾艘、十幾艘過往的船隻在這一帶沉沒。千百年來，這裡不知吞噬了多少人的生命，奪去了多少寶貴的財富。這裡被稱為鄱陽湖的「魔鬼三角」，成了千古沉船之謎。

    然而，更令人感到驚異和不解的是，沉沒的船隻沒有一條被打撈上來，更不知沉船到哪裡去了。據考察記載，湖底除了大大小小的湖蚌外，未發現任何沉船，連一塊船骸都未曾見到。那麼，千百年來在這裡沉沒的數

以千計的大大小小的船隻到哪裡去了呢？這又成了謎中之謎！

老爺廟水域位於鄱陽湖區的江西都昌縣，南起松門山，北至星子縣城，全長24公里。在湖東岸山邊有一座廟宇，稱老爺廟，水域由此得名。帆影點點，漁舟片片的美麗的鄱陽湖果真有這塊詭祕的水域嗎？

1945年4月16日，侵華日軍一艘2000多噸的運輸船「神戶丸號」，裝滿了在我國掠奪的金銀財寶和古玩等順長江入海回日本，誰知船行駛到鄱陽湖老爺廟水域無聲無息地下沉了，船上的200多人沒有一人逃生。駐九江的日本海軍派出了一支優秀的潛水隊伍來到老爺廟，這裡水深最多才30多米，誰知潛水夫下水後，有去無回，只一人得返。他脫下潛水服後，臉色蒼白，說不出一句話來，接著精神失常了。日本投降後，美國人艾德華‧波爾一行人來到鄱陽湖打撈「神戶丸號」，經過數月尋找、打撈仍一無所獲，幾名美國潛水隊員也相繼失蹤。在最後一次打撈中，艾德華‧波爾遇到了攝人魂魄的險情。他寫道：「幾天內，我和三個夥伴在幾千米的水域內搜尋神戶丸號，沒有發現一點蹤影。當我們沿著湖底

繼續向西北方向尋去時，忽然不遠處閃出一道耀眼的白光，正飛快地向我射來，頓時平靜的湖底出現了劇烈的震動，耳邊呼嘯如雷的巨聲隆隆滾來，一股強大的吸力將我緊緊抓住，令我頭昏眼花，無奈地隨著吸引力昏昏向前。這時一隻大箱子重重地撞擊了我的腰部，劇烈的疼痛使我的神志變得清醒起來，白光在鄱陽湖底翻捲滾動，我的三個潛水夥伴隨著白光的吸力翻滾而去。我掙扎出水面，我的同伴卻下落不明⋯⋯」

20世紀60年代初，從松門山出發的一條漁船北去老爺廟，船行不遠便消失在岸上送行的老百姓的視線之中，突然沉入湖底，十餘人喪生。

1985年3月15日，一艘載重250噸，編號「饒機41838號」的船舶，凌晨六時半在老爺廟以南約3公里處的濁浪中沉沒。

同年8月3日，江西進賢縣航運公司的兩艘各為20噸的船隻，亦在老爺廟處先後神奇般地葬身湖底。同一天中，同在此處遭此厄運的還有另外12條船隻。

又是同年9月，「突、突、突」，一艘來自安徽省的運載竹木的機動船在老爺廟以北附近突然笛熄船沉，

岸上行人目睹船員們抱著竹木狂呼救命，一個個逃到岸上後嚇得魂不附體。轉身望去，湖面上濁浪翻滾。

1985年，在此沉沒的船舶有20多條。

1988年，據都昌縣航監站負責人透露又有10條船隻在此水域消失。

老爺廟水域沉船事出有因，決非偶然。這裡發生的一些稀奇古怪的事引起了人們的種種猜測。

1970年初夏，傳聞在這一帶水域裡看到神奇的怪物，目擊者說法不一，有的說是「湖怪」，像幾十丈長的大掃把；有的說如同一條白龍；有的說像張開的大降落傘，渾身眼睛……湖怪出現時，挾風雨捲雷電，嘯聲震耳……

20世紀70年代中期，黃昏時曾有人在鄱陽湖西部地區目睹一塊呈圓盤狀的發光體在天空遊動，長達八九分鐘之久。當地曾將此情況報告上級有關部門，而有關部門亦未作出清楚的解釋。

有人猜測，是因為「飛碟」降臨了老爺廟水域，像幽靈般在湖底運動，導致沉船不斷。

20世紀80年代初，老爺廟旁的都昌縣型砂廠在廟背

41

後的山上建水池，一日忽地從湖上飛來數百隻烏鴉「呱呱」地吵鬧個不停，把整個老爺廟上空遮得像一團團烏雲滾滾。

20世紀90年代初的一個夏日，晴空萬里，忽然湖面上狂風怒嚎，烏雲翻滾，廟旁廠區昏黑一片，風沙滔天，在工廠工作的工人不得不關掉電閘停工瑟縮成一團。

老爺廟水域沉船之謎引起了有關科技部門和一些科技人員的注意。據史料記載和走訪當地漁民得知，沉船的情況大致有這麼幾點：

1. 老爺廟附近水域的沉船事故都發生在每年的三、四月和八、九月之間，尤以三、四月居多。雖然不像錢塘江大潮那樣來得及時，但也有一定的時間規律。據有些沉船事故記錄記載，上半年的沉船多發生在三、四月的中旬，而且大都發生在老爺廟以南一帶。下半年多發生在八、九月的上旬，大都發生在老爺廟的西北邊。

2. 出事的當天往往天氣很好，晴空麗日，藍天白雲，或皓月當空，繁星點點，而在陰雨天卻從未發生過沉船事件。

3. 老爺廟水域內所發生的沉船事故沒有任何徵兆，船和船上的人幾乎在毫無防備的情況下突遇風浪。狂風惡浪持續時間短，從濃黑的霧氣迷漫、滾滾濁流吞噬船隻到湖面上風平浪靜，也就僅僅幾分鐘時間。

4. 狂風惡浪撲來時，伴有風雨、怪嘯和船體的碎裂聲，四周黑漆漆，難辨五指。

科學家們因此提出了幾個關注點：

1. 老爺廟

老爺廟建於落星山的東西線的上下各半中。據考察記載，三角形廟體的直角和平面錐度完全相等，分毫不差，使得人們無論站在什麼方向都始終與老爺廟面對面，設計得很精妙。據史料記載，老爺廟的建築距今已有一千多年的歷史。在以前，凡過往船隻上的人都會到廟裡去朝拜，以求保平安。這座三角形的立體廟，也許是在各地所有廟宇中絕無僅有的獨特設計為三角形，除了警示附近的水域有危險外，更主要的可能是吸引行船朝著老爺廟的方向行駛，這可能是一條安全係數比較大的航道，可以避開造成沉船的危險區域。這座古代的普通建築，經歷了一千多年的風風雨雨和大自然的劇烈風

化，依然雄立於此，傲視四方。這本身就充滿了神奇和
奧祕。

2. 昌芭山死湖

據傳說，這裡原先沒有湖，只是在兩千多年前鄱陽
湖發生大爆炸後才出現山和湖。因此，這昌芭山就是那
次大爆炸中由湖底熔溶的岩漿向高空噴射落下後堆積而
成爲的山，由於周邊沒有出口，中間也就成了湖。正是
由於這昌芭山是由熔溶的岩漿堆積而成，所以到處坑坑
窪窪，千孔百瘡，像瘡疤一樣，凹凸不平，古人就稱之
爲「瘡疤山」。現今的山名只是其諧音而已。這昌芭山
死湖既然是熔溶岩漿向著高空噴射的出口，那就與湖底
下面的寬大裂縫或河流必然相通。

3. 湖底下面的寬大河流

據考察記載，老爺廟附近的水深一般在30多米，最
深處40米左右，有著10米左右的落差。這10米左右的落
差是否會是一道岩層或壁縫呢？也許進入岩層或壁縫不
遠處就是湖底下面的寬大河流或深潭。而據民間傳說，
湖底下面似乎確實有深潭，那裡的水非常寒冷，冰涼刺
骨，而且非常沉悶，透不過氣來，好像有一股什麼力量

將人往上托。這當然是由於被上層湖水沉沉壓住的緣故，一旦在受陽光或閃亮的引力作用下，無論是地核的運動或氣體往上沖，其產生的爆發力都是巨大的。

4. 落星山和落星墩

這兩個曾經給人們帶來巨大災難的外星不速之客。在鄱陽湖定居了兩千多年，既是沉船事故的引起者，又是沉船事故的見證者。除了作為一個旅遊景點之外，是否還有其他方面的價值呢？它本身是否只是普通的隕石？還是高精合金的礦藏？

從20世紀80年代中期開始，各種科學考察團紛紛進駐鄱陽湖，有省級的、國家級的，也有外國的，還有聯合國考察團和中外聯合考察團都對鄱陽湖的「魔鬼三角」進行過一次次的測試和考察。然而，時至今日，對這千古沉船之謎尚未能作出科學的解答。

日本龍三角區：幽深的藍色墓穴

千百年來，在人們的內心深處，始終潛藏著一種對於浩瀚海洋的畏懼。

　　地球上有一片比百慕達三角更加令人畏懼的海域——日本魔鬼三角，這一片深藍色的海域裡潛藏著種種危險，船隻在這裡神祕沉沒，飛機在這裡離奇失蹤。魔鬼三角到底隱藏著什麼樣的祕密呢？

　　龍三角和著名的百慕達三角有很多相似點，一個是幾乎處於同一緯度，雖然經度不一樣，但它有點像兩個對應的點。人們可能就是發現了這裡發生的奇異現象非常接近：比如空無一人的船隻或是飛機進入了這個地方以後就消失了，沒有任何的回音，甚至很多年以後都沒有找到屍體或者殘骸等。

　　龍三角第一次得到惡名是在1989年查理斯·伯利茲出版了《龍三角》一書後。而伯利茲正是《百慕達魔鬼

三角》的作者。

　　一般認爲，日本龍三角的邊界，北起日本海中部，南至關島的馬利安納群島。發生在龍三角的神祕失蹤以及其他奇怪現象，數量之多，情形之奇，令人震驚。第二次世界大戰以來，據說有1500多艘船隻，數百架軍用、商用和民用飛機在這裡離奇失蹤。

　　1949年4月19日，黑潮丸1號商船連同23名船員失蹤。

　　1952年6月8日，儲福丸5號金槍魚打撈船連同29名船員消失。

　　1955年7月26日，美國空軍F3B噴氣飛機與其基地失去了無線電聯繫，2名機組人員失蹤。

　　1957年3月12日，美國空軍KB-50加油運輸機上8名機組人員據報告失蹤。

　　1963年6月7日，同南丸號船骸被發現漂浮在海面上。

　　1980年9月9日，德拜夏爾號及全體船員失蹤。

　　面對這個神祕地帶，科學研究人員相信，唯一可以解開一切祕密的方法就是找到這些失事飛機和輪船的

殘骸。然而，沒有失事船隻留下的準確位置，沒有參照物。面對茫茫大海，研究人員可以完成這個艱巨的任務嗎？

莫恩·大衛和他的小組遭遇了空前艱巨的挑戰——揭開德拜夏爾號沉船之謎。這項任務，將這群職業海事專家逼進了絕境。這一次他們所要面對的，可能是有史以來最可怕的並潛藏著無數玄機的龍三角。

1980年9月8日，德拜夏爾號裝載著15萬噸鐵礦石來到了距離日本沖繩海岸約360公里的地方。這艘相當於鐵達尼號兩倍大的巨輪，船體長度超過3個足球場，設計從頭到尾堪稱完美。它已經在海上航行了四年，正是機械狀況最為理想的時間。駐足在這艘輪船的甲板上，任何人都會感到非常安全。

但是幹練的水手皮特卻沒有這樣的感受。每次他休假回家，總會很自然地談論起他所在的輪船。他遇上的人，他新結交的船員朋友，自然還有他所寫的每一封家書。但他一點也不喜歡德拜夏爾號——那艘船上一定會發生什麼不對勁的事情，而幾乎所有的人也都同樣有著某種不祥的預感。為了籌備足夠的婚禮費用，皮特很不

情願地簽署了一份新的航海協定，那時他只有19歲。然而，這場婚禮最終沒有舉行，9月9日，德拜夏爾號及全體船員失蹤了。如此一個龐然大物，是怎樣在沒有留下任何蛛絲馬跡的情況下，憑空消失的呢？

莫恩‧大衛是一名失事船隻搜尋專家，在確定沉船地點方面業績斐然，人們希望他能夠找到德拜夏爾號的殘骸，並給予科學的解釋。也許，德拜夏爾號可以帶領我們找到龍三角眾多離奇事件背後的真正原因。

在德拜夏爾號巨輪沉沒後的十幾年中，大多數人都認為殘骸是不可能被找到的，一份官方報告認定這是自然的力量，事件也就此終止。然而，德拜夏爾號遇難船員的家人絕不希望他們就這樣無聲無息地走進黑暗，他們需要更合理的解釋。

莫恩‧大衛率領的海洋科技探險隊向龍三角進發，堅信可以揭開事實的真相。但事實上，他們全部的希望只懸於一條渺茫的線索。德拜夏爾號失蹤的時候，搜救飛機曾經報導說，在它最後出現的不遠處發現了油漬。要確定沉船的位置談何容易。

把它打撈上來不是一件容易的事情，不是打撈本身

難，而是要知道沉船具體的位置，定位非常難。因為海底和陸地一樣，陸地上有風，海底有暗流，有水流、有暖流、有寒流等情況。這個時候，即使知道這艘船當初在哪個海域沉沒了，那麼經過幾百年之後，很有可能這艘船就不在原來的地方了。

面對這重重困境，探險小組的成員將信心全部寄託於一個帶有藝術風格的裝置。那就是平面掃描聲吶裝置，它被拖綴在船身之後，沿海底平面運行，發送回4公里以外的圖片。使用這種裝置唯一的遺憾是必須爭分奪秒。每天的搜索都會花掉成千上萬的美元，搜尋小組的全部經費只夠在海上支持八天。

確定了具體的沉船位置之後，還要確定這個沉船非常詳細的座標，甚至包括船頭、船尾、船艙的一些準確資料，當時它斷裂程度等，這樣才能便於打撈。所以，世界上不是說誰領到了打撈執照就可以把沉船打撈得上來的，往往需要投入幾百萬，上千萬甚至上億美元的資金，動用各種專業設備，才能把沉船打撈上來。

莫恩·大衛他們將聲吶探測器下潛到龍三角兇險的海水之下，然後它開始從駭人的滔天海浪中傳送出令

九死一生的恐怖謎團
北緯30度的恐怖死亡

人恐懼的圖像。對於一個外行者來說，這些圖像不過是各種各樣的形狀和陰影，但對於大衛，他會敏銳地發現任何有價值的資訊。可是事情並非一帆風順，就在大衛他們開始探測不久，聲吶探測器的繩索斷了。這個價值不菲的機器沉入深深的海底。聲吶掃描裝置伴隨他們通向成功的最好機會，一起默默躺在了4500米以下的海床上。

與龍三角的第一輪較量，時間所剩無幾。修復工作進行之前，颶風的威脅已經開始顯露，探險小組不得不擱淺修復工作的計畫，全力應對即將到來的颶風衝擊。因為他們非常清楚龍三角惡劣天氣的威力。也許這些不解之謎的答案就埋藏在這強烈風暴的深深底部。許多船隻就是這樣在龍三角海域迷失的。

在1980年9月9日上午10點19分，這艘船的船長報告著德拜夏爾號的情況：它現在正在同每小時100公里的風速和9米高的大浪作鬥爭。但是船長對此並不擔心。他自信地認為，像德拜夏爾號這樣巨大，並且設計精良的船，對付這種天氣毫無問題。他透過廣播告訴人們：他們會遲一些到達港口，但是最多不過幾天而已。然而，

51

— 驚悸的死亡海域 —

這艘巨大的德拜夏爾號卻消失得無影無蹤。自信的船長怎麼會犯下如此悲劇性的錯誤呢？難道答案就這樣永遠地被埋在海浪底下了嗎？

　　毋庸置疑，這裡是世界上最接近死亡，最為神祕的海域之一。龍三角已經挫敗了一次試圖揭開失蹤的德拜夏爾號之謎的行動。當探險小組現在開始傳送海底可疑的岩石圖片時，他們遺失了聲吶掃描器器。探險小組將發起一項挽救行動——不顧一切地試圖取回聲納掃描裝置並確認水下的目標。

　　小組準備投放更加現代化的操作工具——水下機器人，這項任務將挑戰它的極限。被送入海床以下後，究竟水下機器人的鈦金屬結構能否承受它所遇到的衝擊壓力？

　　維繫這個高科技水下作業裝置與艦船聯繫的只是一些細小的電纜，一旦4公里的水下發生狀況，海面上沒有任何人能夠解決。甲板上籠罩著緊張而焦慮的氣氛，所有人都不知道如此的付出會不會換來一點點收穫。就在最後的時間裡水下機器人突然搜尋到了一條線索，那是一堆發光鐵礦石，而鐵礦石正是當年德拜夏爾號沉船

九死一生的恐怖謎團
北緯30度的恐怖死亡

時所裝載的物資。

　　他們一直所嚮往的時刻終於來到了。最終，證據還是表明巨輪並非簡單的消失，至少在謎團背後有一個我們可能找到的答案。

　　德拜夏爾號的殘骸終於在它沉沒14年之後被找到了。那麼，究竟是什麼災禍將它打入海底的呢？探險隊的發現幫助了海事專家，使他們能夠將遭遇厄運船隻的最後瞬間復原起來。

　　德拜夏爾號遇上了颱風，無法逃脫，並且颶風所造成的海浪波長與船身長度幾乎相等，所以當下降到波谷，船身隨即又會被推入下一波巨浪，隨後，一波又一波的巨浪完全困住了它。

　　大型船舶最怕的就是湧浪，就是那種橫向滾動的海浪，它可以很高。然後，把船頭和船尾同時舉起，這樣船身就會被托出水面，缺乏支撐的船身很有可能從中間斷裂了。剩下的就是時間問題了，一個個貨艙開始進水，最後整艘船都處於下沉狀態。這時對整艘船而言，已經回天乏術了。船員們沒有任何逃生機會，他們根本沒有時間放下救生艇逃生並等待獲救，他們只能無助地

— 驚悸的死亡海域 —

祈禱這艘船能夠挺過去。但是最多十分鐘之後，船員們就已經徹底明白這次是在劫難逃。無情的湧浪將德拜夏爾號撕成三截，並且在它下沉時將它擠壓變形。

恐怖的是，如果遭遇到這些超強風暴中出現的三角形海浪，那麼它的威力足以使任何噸位的航海工具死無葬身之地。

雖然德拜夏爾號巨輪的沉沒原因最終被找到，或許很多船隻的沉沒原因都與此類似，但是這個理由不能解釋所有在這裡發生過的怪現象。龍三角究竟還隱藏著什麼祕密呢？

九死一生的恐怖謎團
北緯30度的恐怖死亡

百慕達死亡三角

一聽到魔鬼三角，可能大部分人的第一印象就是百慕達。

百慕達三角是指北起百慕達群島，南到波多黎各，西至美國佛羅里達州這樣一片三角形海域，面積約一百萬平方公里。由於這一片海面失蹤事件迭起，世人便稱它為「地球的黑洞」、「魔鬼三角」。在本世紀海上發生的神祕事件中，最著名而最令人難解的當屬發生在這一地帶的一連串飛機、輪船失蹤案。據說自從1945年以來，在這片海域已有數以百計的飛機和船隻神祕的無故失蹤。失蹤事件之多，使世人無法相信其盡屬偶然。

1945年12月，美國第十九飛行隊的隊長泰勒上尉帶領14名飛行員駕駛著5架復仇者式魚雷轟炸機從佛羅里達州的勞德代爾堡機場起飛，進行飛行訓練。泰勒是一名經驗豐富的飛行員，有著在空中飛行2599小時的飛行記

錄，他的飛行技術對完成這樣的訓練任務應該是根本不成問題的。但當飛行的機群越過巴哈馬群島上空時，基地突然收到了泰勒上尉的呼叫：「我的羅盤失靈了！」「我在不連接的陸地上空！」以後兩個小時，無線電通訊系統斷斷續續，但是還能顯示出他們大致是向北和向東飛。下午4點，指揮部收到泰勒上尉的呼叫：「我弄不清自己位置，我不知在什麼地方。」接著電波訊號越來越微弱，直至一片沉寂。指揮部感到這事不大對勁，立即派一架水上飛機起飛搜索。半小時後，一艘油輪上的人看見一團火焰，那架水上飛機墜落了。

在短短的6個小時，6架飛機，15位飛行員一下子都不見了，他們消失得莫名其妙。這件事使美國當局受到極大的震動，軍方決心查個水落石出。次日，在廣達600萬平方公里的海面上，出動了300架飛機和包括航空母艦在內的21艘艦艇進行了最大規模的搜索。搜索範圍從百慕達到墨西哥灣的每一處海面，時間長達5天之久，可仍沒能找到那6架飛機的蹤影。

多年來，人們對這次事件眾說紛紜，百慕三海域也就隨著這次事件的披露而出名。然而，該地區無法解

釋的船隻或飛機失蹤事件，可以追溯到19世紀中葉。早在1840年，一艘名叫「洛查理」的法國貨船航行到百慕達海面時，人們就發現船上食物新鮮如初，貨物整齊無損，而船員卻全部神祕地失蹤了。

1935年，義大利籍貨輪「萊克斯」號的水手們眼看著美國籍帆船「拉達荷馬」號一點點的被海浪吞沒。但5天後，他們又親眼看到這艘帆船居然又漂浮在海面上。水手們簡直不敢相信自己的眼睛，即使是他們連同被救起的「拉達荷馬」號船員一起跳到這艘船上，他們還懷疑自己是不是在做白日夢。

另一個特別事例是裝載著錳礦的美國海軍輔助船「獨眼神」號在1918年3月失蹤。這艘巨型貨輪擁有309名水手，並有著當時良好的無線電設備，竟沒有發出任何呼救訊號就無影無蹤了。1951年，巴西一架水上飛機在搜尋他們一艘在這片海域失蹤軍艦時，發現百慕達海域的水面下有一個龐大的黑色物體正以驚人的速度掠過。

1977年2月，有人駕駛私人水上飛機飛過百慕達海域，發現羅盤指標偏離了幾十度，正在吃飯的人發現盤

子裡的刀叉都變彎了。飛離這裡後，他們還發現答錄機裡的錄音帶裡錄下了強烈的噪音。

百慕達三角發生的事件，引起了各國科學家和有關方面的注意。人們對此提出了種種不同的看法。

有人認為百慕達海底有巨大的磁場，因此會造成羅盤失靈。1943年，一位名叫裘薩的博士曾在美國海軍配合下以兩台磁力發生機作了一次實驗。磁力發生機開機後，船體周圍湧起綠色煙霧，船和人都受到了某種刺激，有些人經治療恢復正常，事後裘薩卻自殺而死。因此結果也就不了了之。

有人認為百慕達區域有著類似宇宙黑洞的現象。但「黑洞」是在太空中的一種狀態，在地球上否有黑洞，還有待於證明。有人認為百慕達海域海底有一股潛流與海面潮流發生衝突時，就會造成海上事故。但這股海底的潛流又是怎樣形成的，沒有一個較為合理的解釋。

此外，還有次聲破壞論、空氣湍流論等種種說法。但這些解釋也都只是一種假說，既缺乏足夠的依據，也未能為人們普遍接受。

1979年，美國和法國科學家組織的聯合考察組，

九死一生的恐怖謎團
北緯30度的恐怖死亡

在百慕達海域的海底發現一個巨大的水下金字塔。根據美國邁阿密博物館名譽館長查理斯・柏里茲派人拍下的照片，可以看到這個水下金字塔比埃及大金字塔還要巨大。塔身上有兩個黑洞，海水高速從洞中穿過。

　　水下金字塔的發現，使百慕達三角謎變得更為神祕莫測，它到底是人造的還是自然形成的？它與百慕達海域連續發生的海難和空難有什麼關係？這些都有待於人們去進一步探討。百慕達這個黑洞，至今還沒有看見底。

西地中海死亡三角

面對大海製造的災難，如果大海保持沉默的話，人類該怎麼辦呢？

　　西地中海「死亡三角區」的三個頂點，分別是比利牛斯的卡尼古山，摩洛哥、埃爾及利亞、茅利塔尼亞共同接壤的延杜夫，再加上加那利群島。在這片多災多難的海域，不斷發生著飛機遇難和失蹤事件。這裡有什麼邪惡的力量呢？

　　有人做過統計，從1945年二次大戰結束到1969年的20多年和平時期中，地圖的這個小點上竟發生過11起空難229人喪生。飛行員們都十分害怕從這裡飛過。他們說，每當飛機經過這裡時，機上的儀錶和無線電都會受到奇怪的干擾，甚至定位系統也常出問題，以致搞不清自己所處的方位。這大概就是他們把這裡稱作「飛機墓地」的原因吧！

1969年7月30日，西班牙一架「信天翁」式飛機於29日15時50分左右在直布羅陀海峽與阿爾梅里亞之間的阿爾沃蘭海域失蹤。由於那架飛機上的乘務員都是西班牙海軍的中級軍官，所以軍事當局相當重視，動用了10餘架飛機和4艘水面艦船。當人們搜尋了很大一片海域後，只找到了失蹤飛機上的兩把座椅，其餘的什麼也沒發現。

　　在這次事故發生前兩個月，即同年的5月15日，另一架「信天翁」式飛機也在同一海域莫名其妙地栽進了大海。

　　那次事故發生在18點左右，機上有8名乘務員。據目擊者說，那架飛機當時飛行高度很低，駕駛員可能是想強行進行水上降落而未成功。機長麥克金萊上尉僥倖活了下來，儘管傷勢並不嚴重，但他根本說不清飛機出事的原因。

　　人們還在離海岸大約1英里的出事地點附近打撈起兩名機組人員的屍體。後來幾艘軍艦和潛水夫又仔細搜尋了幾天，另外5人卻始終沒找到。

　　據非官方透露的消息說，那次飛行本來是派一位名

－ 驚悸的死亡海域 －

叫博阿多的空軍上尉擔任機長的，臨起飛才決定換上麥克金萊。這樣，博阿多有幸躲過了那次災難。然而，好運並沒能一直照顧他。時隔兩個月，已被獲准休假的博阿多再次被派去擔任「信天翁」式飛機的機長。這次，他一去不回。

兩架相同類型的飛機，從同一機場起飛，去執行同一項反潛警戒任務，在同一片海域遇上了災難。但誰也無法解釋，失蹤的「信天翁」式飛機發回的最後呼叫：「我們正朝巨大的太陽飛去」。究竟這意味著什麼呢？

1975年7月11日上午10點30分，西班牙空軍學院的4架「薩埃塔」式飛機正在進行集結隊形的訓練飛行時，突然一道閃光掠過，緊接著4架飛機一齊向海面栽了下去。

附近的軍艦、漁船以及潛水夫們都參加了營救遇難者和打撈飛機的行動。他們很快就找到了5名機組人員的屍體。但是這4架剛剛起飛幾分鐘的飛機為什麼要「齊心合力」朝大海撲去呢？西班牙軍事當局對此沒有作任何解釋。

如果說飛機失事是因定位系統失靈，導致迷航造成

的，那麼對貨輪來說，就令人費解了。因為任何一位船員都知道，太陽就可以用來做參考決定方向。

西地中海面積並不大，與大西洋相比，氣候條件也算是夠優越的。然而，在這片海域失事的船隻一點也不比飛機的數量少。這裡發生的最早一起船隻遇難事件是在1964年7月，一艘名為「馬埃納」號的漁船不幸遇難，有16名漁民喪生。此事相當奇特，引起了人們各種的猜測。但8月8日，西班牙報紙刊登這則消息時卻說：「沒有一個合情合理的解釋。」

事情經過是這樣的：7月26日22點30分，特納里島的一個海岸電臺收到從一艘船上發來的一個含糊不清的「SOS」呼救訊號。但它既沒有報出自己的船名，也未說出所在的方位。23時整，該電臺又收到一個相同的告急訊號，之後就什麼也聽不到了。

第二天上午10點45分，海岸電臺收到另一艘漁船發來的電報，說他們在距離博哈多爾角以北幾英里的地方發現了7具穿著救生衣的屍體。有人認出他們是「馬埃納」號上的船員。電文還說，7具屍體旁邊還浮著一只空油桶和6個西瓜，此外什麼都沒發現。

— 驚悸的死亡海域 —

為了尋找可能的生還者，海岸電臺告知那片海域的船隻，讓他們也沿著前一艘漁船的航線航行。過了一天，一艘漁船報告說找到了3具穿救生衣的屍體。幾十艘船在這裡又整整搜尋了三天，均一無所獲。後來在非洲海邊的沙灘上又發現了兩個人的屍體。這樣一共找到了12個人，其餘4人始終沒有下落。

　　事後人們提出了許多疑問，比如：在相隔半小時的兩次呼救訊號中，「馬埃納」號的船員怎麼沒能逃生？他們為什麼兩次都不報出自己的船名和方位？也許那些穿著救生衣的人是被淹死的？可遇難地點離海岸只有一里，為什麼船上那些水性嫻熟的船員竟連一個也沒能游到岸邊？

　　任憑人們如何猜測，製造了這場災難的大海卻一直保持著沉默。人們將從何處尋找答案呢？

三藩市大火

地震只是前奏，恐怖的大火才是災難的主題，三藩市經
歷一次前所未有的浩劫

　　1906年4月18日早上5點13分，一場強度芮氏8.3級
的大地震襲擊了位於美國西海岸的三藩市，整個城市化
爲一堆廢墟，造成了大量的人員傷亡。更加可怕的是，
地震過後不久，一場大火燃起，使震後的三藩市雪上加
霜。在烈火和地震雙重打擊之下，三藩市經歷了一場前
所未有的浩劫。

　　這場大地震是從海岸北面的300多公里的海面突然
向三藩市襲來的。強烈的地震毀滅了整個城市，三藩市
在大地震中遭到了毀滅性的打擊。雖然三藩市時常發生
地震，1868年、1898年和1900年曾發生過幾次嚴重的大
地震，但1906年的這場地震卻是最嚴重的一次。全市488
人在這場天災中遇難。

－ 驚悸的死亡海域 －

然而，禍不單行，舊的災難尚未終止，新的災難又降臨這座海濱城市。新的災難就是可怕的大火。這場大地震僅僅持續了75秒鐘，在毀滅性的75秒過後，地震終於停止了，人們相信一切都已過去了。但是，地震之後的大火卻是人們始料未及的。三藩市在此之前曾遭過6次大火的洗禮：1849年一次，1850年3次，1851年兩次。各種原因引起的火災已使三藩市人對這種災害很熟悉，所以他們沒有意識到這場火災與以往有何不同。但有史以來最嚴重、最可怕、最慘重的一次火災卻在人們的麻痺之中向這座城市襲來。

　　大火開始蔓延，開始吞沒三藩市。三藩市許多街區成了一片火海。巴巴厘沿岸首先被烈火燒毀，緊接著一個又一個街區燒起沖天大火。震後大火，使三藩市人不得不暫時停止對付地震災禍，全力以赴撲滅大火。三藩市消防局共有585名消防員，他們馬上投入了滅火的隊伍。然而，到處濃煙烈火的三藩市，585名消防員的努力收效甚微，是名副其實的「杯水車薪」。

　　儘管當局做出各種決定來平復這座受傷的城市，但熊熊大火仍在燃燒，許多人意識到了事情的嚴重性，紛

紛逃離這座火城。兇猛的火勢在缺水的城市肆意蔓延，為了撲滅四下蔓延的大火，三藩市人想盡了一切辦法，但卻無濟於事。最後人們決定用炸藥封鎖火勢，然而，這一做法在房屋眾多的三藩市城內並未收到預期的效果，反而加劇了火勢的蔓延和擴大。大火整整燒了三天三夜。烈火所到之處，一片火海。火魔無情地吞噬三藩市大部分地區，約8平方公里範圍萬物俱焚。整座城市在燃燒了三天後，終於迎來了一場大雨，使火勢逐漸減弱。

三藩市38萬多受災的人們經歷了一次可怕的大火，不滅的烈火將地震後剩餘的部分財物統統化為灰燼。據統計，在這場火難中，有80%的房屋被燒毀，千分之一的人喪失了性命，20多萬人無家可歸，2.8萬幢建築物在這場火災中化為灰燼，損失達約50億美元。火災給這座城市帶來了極度的恐慌和不安。

火災是地震後最易引起的災難，三藩市這場慘痛的火災卻有著特殊的原因：強烈的地震破壞了該城的水管網路，僅有的三根從鄉間輸水的巨大的管道在地震中全部破裂，遇難的市民連解渴的水也沒有，更不用說大量

— 驚悚的死亡海域 —

的消防用水。最終趕修好的一條管道，由於火勢過大也無濟於事。此外，三藩市的電氣總工程師在地震開始時被砸傷了，根本沒有想到要切斷電源。而每一根斷裂的電線都有可能引起一場火災。瞬間之內，30個起火點在三藩市城各個地區同時燃起，其迅猛之勢可想而知。

地震、火災毀滅了本世紀初的三藩市。重建後的三藩市又成為世界著名的大都市。作為一座現代化城市，雖然近幾年也曾遭到過地震的襲擾，但人們最不能忘懷的則是1906年的那次大災難。

神戶大地震

地震的毀滅性是徹底的，經歷了地震的神戶需要很久才能恢復元氣。

　　1995年1月17日5時46分，位於日本國關西兵庫縣南部的淡路島（在從神戶到淡路島的六甲斷層帶上），發生了芮氏7.2級的地震。這是自1923年來在日本城市發生的最為嚴重的一次地震，共造成數千人死亡，地震給日本造成的全部損失達數萬億日元。

　　神戶大地震造成全市斷水、斷電、斷煤氣，還造成了蔓延不止的火災。地震破壞最為嚴重的就是交通，神戶地震過後，日本列島南北高速公路和鐵路運輸大動脈被切斷，阪神高速公路神戶段也遭受樂嚴重的破壞，高速路橋下的巨大的鋼筋混凝土橋墩都被扭斷，神戶人引以為傲的無人駕駛電車的專用道也被毀壞，修復工程十分艱巨。地震幾乎使這個日本第六大都市完全失去了城

市的機能，災後進行了大規模的重建才使這座美麗的港城恢復了生機。

　　神戶市地處日本重要的工業區，是重要的經濟中心，該工業區對日本來說十分重要。在地震發生後，神戶停水斷電，交通癱瘓，神戶市很多中小企業房屋倒塌，還影響到了周邊其他工業區和一些港口。神戶經濟的癱瘓對日本的整個經濟都有很大的拖累，這些對連續三年不景氣的日本經濟無疑是雪上加霜。

　　據災後統計資料反映，全震災區共死亡5400餘人（其中4000餘人是被砸死和窒息致死，占死亡人數的90%以上），約2.7萬人受傷，近30萬人無家可歸。地震毀壞了大約10.8萬幢建築物，電煤氣、公路、鐵路和港灣也都遭到嚴重破壞。據日本官方公佈，這次地震造成的經濟損失約1000億美元。總損失達國民生產總值的1～1.5%。這次地震死傷人員多、建築物破壞多和經濟損失大，是日本關東大地震之後72年來最嚴重的一次，也是日本戰後50年來所遭遇的最大一場災難。

　　地震過後，據專家分析，主要有以下因素造成了這場災害：

一是該地震的性質所致。神戶地震爲直下型地震，這種類型的地震能量積累慢、週期長，就目前的能力基本上無法預測。同時，地震的震動方式特殊，垂直、水平均有振幅，烈度強，對城市的破壞性極大，而且神戶市與震央距離近。

二是地理環境因素和基礎設施較脆弱。神戶市大都建設在山坡、斜坡和人工塡海造地上，經過強震，地基發生形變。神戶的房屋大都是80年代以前的建築，很容易倒塌。神戶市抗震設防較差，使交通設施及生命線工程大量被毀壞，並引起了火災等二次災害。

三是震後救災工作十分困難。震後，神戶市通訊不佳，道路阻塞，人們陷入巨大的恐慌中，客觀上給救災工作帶來了極大的困難，使救災無法按預定設想組織展開。同時，震後救災工作也反映出日本政府對震災情況估計不足，準備不到位，行動遲緩。在實際救援中，出現了救災指揮體系不協調、救貧物資供應混亂和火災無法及時撲救等情況。

神戶地震發生後，神戶地區修改了防災計畫並積極研究防災對策，在此後的暴雨、颱風和火山噴發等自然

71

災害中神戶均安然度過了考驗。震災教訓在應付後來的
災害時應被有效利用，這是每個人從那次震災中學到的
最寶貴的東西。

指引

黃泉路的
神奇寶藏

寶藏從來都是埋於地下，
沉於海底。
冥冥中註定了黃泉路的誘惑。

大禹九鼎之謎

鼎的重量不可問，是因為其原本就不存在，還是真的因為它是國家權力的象徵？

　　大禹即位後，一舉平定了三苗，為顯示權威，維護夏朝和諸侯國的統屬關係，大禹發出號令：命天下各州的首領務必前來塗山會盟宣誓。在會上，大禹對諸侯說：「此次盛會代表著天下太平，華夏團結。今後如有圖謀不軌者，天下共誅之！」後來，為紀念這次盛會，大禹決定將各方進獻的青銅鑄成代表九州的九尊鼎。九鼎既然為國家社稷之象徵，就應被各國極端珍視，可是大禹九鼎的失蹤卻非常神祕。這是怎麼回事呢？

　　關於九鼎的內容，《山海經補注・序》中有相關描述：「收九牧之金，以鑄鼎。鼎象物，則取遠方之圖，山之奇，水之奇，草之奇，木之奇，禽之奇，獸之奇，說其形，別其性，分其類，其神其殊匯，駭視警聽

者，或見或聞，或恒有，或時有，或不必有，皆一一畫焉。」《山海經新校正‧序》中則記載了九鼎上面的文字：「按其文，有國名，有山川，有神靈奇怪之所際，是鼎所圖也。」由此可見，九鼎之上不僅有山川河嶽、草木鳥獸的圖，還有關於各種物象的文字介紹，簡直可以稱得上是古代的地圖。

夏朝被商朝滅亡，九鼎就遷到了商朝的都城亳邑。商朝為周所滅，九鼎就遷到了周朝的鎬京。及至成王遷都洛邑，九鼎又隨之被安置在洛邑，謂之定鼎。這時候，九鼎已經成為「天命」之所在，代表著王權的至高無上、國家的繁榮統一，即所謂「鼎在國在，鼎失國亡」。西元前606年，春秋五霸之一的楚莊王勢力日益強大，一次，他興兵攻擊陸渾之戎，逼近雒邑郊外，威脅周朝，周定王無奈之下，為他舉行慰勞歡迎之禮，莊王就曾「問鼎小大輕重」，表明了他有滅周的野心。

秦始皇統一六國後，也一直在尋找九鼎。秦始皇二十八年（即西元前219年），秦始皇在泰山完成祭天大典後，曾專程來到彭城泗水之濱，派人打撈周鼎，但毫無結果。《史記‧秦始皇本紀》中載：「過彭城，齋

戒禱詞，欲出周鼎泗水，使千人沒水求之，弗得。」北魏酈道元的《水經注‧泗水》則這樣記載：「九鼎倫沒泗淵，秦始皇時，而鼎見於斯水，始皇自以德和三代，大喜，使千人沒水求之，弗得，所謂『鼎伏』也。亦雲系而行之，未出，龍齒齧斷其系。故語曰：『稱樂太早，鼎絕系。』」這個故事在漢代民間廣為流傳，還被製成了很多畫像石、畫像磚。目前，已經發現的「泗水撈鼎」的畫像有數十幅，畫面大同小異，基本為一條上有拱形橋的河，橋上正有車馬行人通過。橋的左右兩側各站一排人正在用力拉繩，繩子繫在柱子上，中間一人負責繩子的方向。繩子的另一端分別拴在銅鼎的兩個耳上，銅鼎剛剛被拉出水面，這時，從水裡躍出一條蛟龍將繩子咬斷，銅鼎又落入水裡。這就是《水經注‧泗水》中描述的故事梗概，也是關於九鼎的最後記載，從此以後，九鼎從史籍中消失，其下落也成為千古之謎。

到了清代，歷史學家王先謙對九鼎的去向進行了長期的研究，提出了新的觀點。他在《漢書補注‧郊祀志》中認為：東周王室逐漸衰落，而各個實力雄厚的諸侯國卻虎視眈眈，力圖統一中國，取代周的地位。因

九死一生的恐怖謎團
北緯30度的恐怖死亡

此，象徵王權和「天命所歸」的九鼎，自然成為各諸侯爭相奪取的稀世國寶。而此時周王室已經入不敷出，為解決財政困難，也為避免諸侯國兵刃相向，前來問鼎，於是將九鼎銷毀鑄成銅錢，對外則詭稱九鼎已不知去向，這種說法雖有一定道理，但卻沒有歷史記載和實物的證實，不足為信。

由於大禹九鼎下落不明，且在北魏以後歷史全無記載，也有人開始懷疑大禹制鼎的真實性。

但是史籍中有多處關於九鼎的記載。《墨子・耕柱》曰：「昔日夏後開（啟）使蜚廉折金於山川，而陶鑄之於昆吾……九鼎既成，遷於三國。」《左傳》中也談到九鼎鑄造的情況：夏朝初年，朝廷劃天下為九州，州設州牧。夏令九州牧貢獻青銅，鑄造九鼎。造鼎之前，曾先派人將全國各州的名勝之地和代表性的奇異之物畫成圖冊，造鼎時即把這些畫仿刻於九鼎之上，以一鼎象徵一州。九鼎即為九州，分別為冀州、兗州、青州、徐州、揚州、荆州、豫州、梁州和雍州。各州以自然的山河為界。其中豫州鼎為中央大鼎，象徵豫州作為中央樞紐的地位。九鼎集中到夏王朝都城陽城，反映了

全國的統一和王權的高度集中，表明夏王大禹成了九州之主。

關於大禹九鼎的爭論很多，大家各執一詞。九鼎究竟存在與否？如果存在，其又在何處呢？

孔雀暖玉夜明珠

歷代以來，夜明珠都是價值連城的瑰寶，伴隨它的故事
也很多。

　　茫茫宇宙，無奇不有，夜明珠之謎，也是其一。夜
明珠古稱「隨珠」、「懸珠」、「垂棘」、「明月珠」
等，相傳是世界上極為罕見的夜間能發出強烈光芒的奇
寶是相當稀有的寶物。夜明珠在中國五千年文明史中是
最具神祕色彩、最為稀有、最為珍貴的珍寶，並為皇權
私有，很多時候充當著鎮國寶器的作用。

　　在我國古代民間，夜明珠又被叫做「夜光璧」、
「夜光石」、「放光石」。英國著名學者李約瑟在其巨
著《中國科學技術史》中記載，古代中國人喜愛敘利亞
產的夜明珠，它別名為「孔雀暖玉」。自古歷代皇帝登
基、太子還朝，夜明珠便作為「鎮國之寶」陪伴皇帝及
龍子龍孫入宮。因此，古時候，夜明珠成為一個國家至

高、至上、至尊、至崇的權利和富貴的象徵。

夜明珠本從礦石中採集而得，但它在地球上的分佈是極為稀少的，開採也很困難，故此這顯得格外珍貴。一些古籍描寫它具有「側而視之色碧；正面視之色白」的奇異閃光。據說，在古代希臘羅馬，有些帝王把它鑲嵌在宮殿上或者戴在皇冠上，有的皇后、公主把它裝飾在首飾上或者放在臥室裡，以它作為國寶加以宣揚和讚美。

據史籍記，早在史前炎帝神家時就已出現過夜明珠，如神農氏有石球之王號稱「夜礦」。春秋戰國時代，如「懸黎」和「垂棘之璧」，價值連城，可比和氏璧。秦始皇殉葬夜明珠，在陵墓中「以代膏燭」。唐朝時期，一顆名為「水珠」的夜明珠，售價億萬。宋元明時，皇室尤喜夜明珠，其中以成吉思汗夜明珠最為名貴。明代內閣也曾有數塊祖母綠夜明珠，夜色有光明如燭。

有人視為珍寶，有人棄之如履。古代有人不識寶，曾將懸黎夜色明棄之灣潯。魏國一老農得到徑尺大的明珠，見夜色光大怖，於是丟至遠野。也有人把夜明珠當

成「禍水」而「打之沙石間」。雖然有些只是傳說，但夜明珠憑藉其美麗、高貴及神祕在我國歷史上已自成一種文化。

在歷代中，最著名的夜明珠可能當屬數慈禧口中所含的那顆了。據盜慈禧墓的孫殿英講：此珠分開是兩塊，合攏就是一個圓球，分開透明無光，合攏時透出一道綠色寒光，夜間百步之內可照見頭髮，慈禧含在嘴中是為保屍身不化。

據說，1900年「八國聯軍」侵華時，慈禧太后為了博得侵略者的歡心，曾把鳳冠上的四顆夜明珠取下，意圖贈與侵略者。幸運的是，她身邊的宮女竟有心為國護寶，使這四顆珠子流落民間，成為近代一大懸案。1964年，這四顆夜明珠在西安被發現，並無償獻給國家。

那麼，夜明珠到底是什麼物質，為什麼在夜間會發出強烈而又綺麗的亮光呢？對此眾說紛紜。據一些專家考證，夜明珠並不是像某些人所吹噓的那樣神祕，而是幾種特殊的礦物或岩石，經過人們加工後才變成圓珠形。夜明珠發出的光，並不像神話中傳說的那樣能把「龍宮照得如同白晝」。

一些寶石學家認為，因為在夜明珠的螢石成分中混入了硫化砷，鑽石中混入了碳氫化合物。白天，這兩種物質能發生「激化」，到晚上再釋放出能量，變成美麗的夜光，並且能在一定的時間內持續發光，甚至永久發光。還有專家認為，夜明珠是一種螢石礦物，發光原因與它所含的稀土元素有關，是礦物內有關的電子移動所致。

　　夜明珠還有許多奧祕，至今還沒有被專家們瞭解。據說，有一種叫做水晶夜明珠的，能發出「火焰」般的夜光，但其中的發光物質究竟是什麼？至今還不太清楚。總之，夜明珠至今仍是尚未徹底揭開的一個千古奇謎。

傳國玉璽和氏璧

傳國玉璽是皇權的象徵，然而它卻神祕地失蹤了，至今下落不明。

中國歷史上，堪稱國之重寶的器物不在少數，但恐怕沒有一件比得上傳國玉璽。傳國玉璽爲中國古代皇帝的信物，史書記載傳國玉璽乃和氏璧雕成。長久以來，傳國玉璽一直被刀光劍影所籠罩，它的出現和消失，成爲王朝更替、江山易幟的象徵。

傳國玉璽來歷非凡。西元前221年，秦始皇滅六國統一中國，建立起中國歷史上第一個封建王朝。也許是爲了顯示自己至尊偉大，秦始皇用和氏璧製作了「傳國玉璽」。從此，傳國玉璽成爲承天受命的象徵，歷代帝王皆以得此璽爲符應，奉若奇珍。得之則象徵其「受命於天」，失之則表現其「氣數已盡」。

其實，用來製作傳國玉璽的和氏璧，本身就充滿

— 指引黃泉路的神奇寶藏 —

了傳奇色彩。春秋時，楚人卞和在山中看見有鳳凰棲落在青石板上，依據「鳳凰不落無寶之地」的傳說，他終於在山中發現一塊玉璞。卞和先後將它獻給楚厲王和武王，都被認爲是石頭，結果以欺君罪丟掉了左右腳。到了文王即位，卞和抱玉哭於荊山之下，以致滿眼溢血。文王令玉匠進行打磨，發現裡面異光閃爍，璀璨奪目，果然是稀世珍寶。最後由良工雕琢成璧，取名「和氏璧」。

據傳，西元前219年，也就是傳國玉璽製成後的第九年，秦始皇乘龍舟過洞庭湖，風浪驟起，龍舟將傾，秦始皇慌忙將傳國玉璽拋入湖中，祈求神靈鎮浪。玉璽由此失落。而八年後，華陰平舒道有人又將此傳國璽奉上。

秦末戰亂，劉邦率兵先入咸陽。秦二世死後，由子嬰把傳世玉璽獻給劉邦。劉邦建漢登基，佩此傳國玉璽，授之爲「漢傳國玉璽」。此後玉璽珍藏在長樂宮，成爲皇權象徵。西漢末年王莽篡位自立，派堂弟向孝元皇太后逼索傳國玉璽，太后震怒，將玉璽擲於地上摔裂了一個角，王莽讓人用黃金鑲補，儘管手藝精巧，但寶

璽終究留下了缺角之痕。

東漢末年，宦官專權。袁紹入宮誅殺宦官，段珪攜帝出逃，玉璽在亂軍中失蹤。後來，董卓作亂，各路諸侯討伐董卓時，孫堅率軍攻入洛陽，其部下在洛陽城南甄宮井中打撈出一宮女屍體，從她頸下錦囊中發現「傳國玉璽」。孫堅將璽祕藏於妻吳氏處，後來袁術抓了孫堅的妻子，奪得玉璽。袁術稱帝失敗後，荊州刺史徐璆攜璽至許昌，當時曹操挾漢獻帝以令諸侯，至此，傳國玉璽又歸漢室。

三國鼎立時，玉璽屬魏，三國一統，玉璽歸晉。西晉末年，北方陷入朝代更迭頻繁、動盪不安的時代，傳國玉璽也屢易其主。西元311年，前趙劉聰虜晉懷帝司馬熾，璽歸前趙。西元329年，後趙石勒滅前趙，得璽，在右側加刻「天命石氏」。西元350年，再傳冉魏，後冉魏乞求東晉軍救援，傳國璽為晉將領騙走，並以三百精騎連夜送至首都建康（南京），這樣，傳國璽重歸晉朝司馬家。在南朝，傳國璽歷經了宋，齊，梁，陳的更迭。隋朝一統中國，傳國璽入了隋宮。

西元618年3月，隋煬帝楊廣被殺於江都，隋亡後，

― 指引黃泉路的神奇寶藏 ―

蕭後攜太子元德攜傳國璽遁入漠北突厥。唐初，太宗李世民因沒有傳國玉璽，遂刻了幾方「受命寶」「定命寶」等玉璽聊以自慰。貞觀四年，蕭后與元德太子返歸中原，傳國玉璽方歸李唐，令唐太宗龍顏大悅。唐末天下大亂，後唐末帝李從珂被後晉大兵圍困，李從珂與后妃於天星樓自焚而死。據說，李從珂當時便隨身攜帶著「傳國玉璽」。可是大火過後，人們從灰燼中卻不見玉璽的蹤影，傳國玉璽就此失蹤。

隨後，宋、元、明、清歷朝都有發現所謂傳國玉璽的記載。宋哲宗紹聖年間，有農夫名段義者於耕田時發現傳國玉璽，送至朝廷獻給當朝皇上。後經十幾名學士、大臣考證，確認真的是傳國之璽和氏璧，但還是有很多人不相信這是真的。至北宋末年，徽宗好風雅，增刻印璽十方，時人有畫蛇添足之譏，其實徽宗似有淡化傳國璽地位之深意在其中也。宋靖康元年（西元1126年），金兵破汴梁，徽欽二帝被掠，「傳國璽」被大金國掠走，其後便銷聲匿跡。

到了明朝弘治年間，又有人找到一塊玉璧當作和氏璧獻給皇帝，但孝宗皇帝認為是假的而沒使用。到清

86

初，在當時的故宮博物院存有三十九塊御印，其中一塊被認為是和氏璧，但經乾隆皇帝欽定，證明是假的。到清朝滅亡，末代皇帝溥儀被驅逐出皇宮時，此「傳國玉璽」已不見蹤影。當時馮玉祥部將領鹿鐘麟等人曾追索此鑲金玉璽，至今仍無下文。

傳國玉璽就像一個善於製造懸念的大師，留給後人的，只是一個千古之謎。於是，歷經兩千餘年風風雨雨、撲朔迷離，「傳國玉璽」數隱數現，最終湮沒於歷史的漫漫長河之中，至今杳無蹤影，不能不令人扼腕歎息。也許它已在不斷的易主時遺失，也許在頻繁的戰亂中被毀滅，也許靜靜地躺在某個為人不知的角落，直到有一天突然出現在人們的眼前。

越王勾踐劍之謎

「天下第一劍」越王勾踐劍在地下埋藏了千年，出土是仍然絲毫未鏽，鋒利無比。

　　1965年多天，在湖北省荊州市附近的望山楚墓群中，出土了一把鋒利無比的寶劍。上面用鳥篆銘文刻了八個字，「越王勾踐，自作用劍」。專家透過對劍身八個鳥篆銘文的解讀，證明此劍就是傳說中的越王勾踐劍。讓人驚訝的是，這把青銅寶劍穿越了兩千多年的歷史長河，但劍身絲毫不見鏽斑。劍如同他的主人一樣充滿了傳奇的色彩，同時也是越國那段歷史的見證者。它千年不鏽的原因是什麼呢？

　　西元前496年，吳王夫差為報父仇，攻打越國大獲全勝，使越王勾踐成為階下囚，被吳王扣押了三年。越王勾踐在忍受了三年的屈辱生活後回到越國，在大臣范蠡、文種的輔佐下，臥薪嚐膽、勵志圖強，用艱苦的生

活磨煉自己的意志。經過十年努力、十年自強，終於使越國由弱轉強。西元前473年，越王勾踐率精兵滅亡了吳國，迫使吳王夫差自殺，並進而成就了越國霸業。從此，越王勾踐臥薪嘗膽的故事，就在中國歷史上代代相傳，膾炙人口，延續至今。

　　越王劍的出土，讓許多人想起了勾踐臥薪嘗膽的故事，可是越王劍如同勾踐一樣，也充滿了許多謎團。

　　越王劍出土的時候，置於棺內人骨架的左側，並插入塗黑漆的木鞘內。劍長55.6釐米，劍形挺拔、莊重，製作精良考究，保存完好如新。劍身上面滿飾黑色菱形暗紋，劍格的一面由綠松石組成美麗的圖案，另一面則鑲嵌著藍色琉璃，整個裝飾顯得華貴、典雅。靠近劍格處有兩行錯金鳥篆銘文，銘文為「越王勾踐，自作用劍」。劍柄以絲纏繞，劍出鞘時寒光凜凜，耀人眼目，劍刃薄而鋒利。既然是越王勾踐用過的劍，那麼它為什麼出土於地處長江中游的楚國墓葬中呢？它為何沒有留存在越國故地，卻埋藏在千里之外的楚國貴族墓葬中呢？

　　有人認為，這柄珍貴的青銅劍是在楚國滅亡越國的

戰爭中被楚軍繳獲，然後作爲戰利品而流入楚國貴族手中。楚國貴族死後則把它作爲陪葬品伴隨身邊。還有人認爲，這把劍是越女嫁給楚國時的陪嫁品。因爲歷史上記載，越王勾踐的女兒是楚昭王的寵姬。

根據同墓出土的大批竹簡得知，該墓入葬的年代爲楚威王或楚懷王前期，所以說越王勾踐青銅劍是因贈送而自越傳入楚地，是很有可能的。目前考古發現傳世的越王劍，雖然有些是贈送而傳入楚地，但也有些必然是楚滅越時的戰利品而流入楚國的。這把越王勾踐親自用過的劍到底是友好時贈送的禮品，還是戰爭時繳獲的戰利品，確實是歷史上的一個謎。

我國古代的青銅器，主要爲銅與錫的複合金，成書於戰國時期的《周禮·考工記》中就有「四分其金（銅），而錫居一，謂之戈戟之齊；三分其金而錫居一，謂之大刃之齊」的記載。據科學分析，越王勾踐劍使用了合理的含錫成分，保持了劍的強度和延伸性。而且越王勾踐青銅劍因劍的各個部位的作用不同，銅和錫的比例也不一樣。劍脊含銅較多，能使劍韌性好，不容易折斷；而刃部含錫高，硬度大，使劍非常鋒利。但不

同成分的配比在同一劍上又是怎樣鑄成的呢？專家們考證後認為是採用了複合金屬工藝，即兩次澆鑄使之複合成一體。這種複合金屬工藝，世界上其他國家是到近代才開始使用的。2000多年以前的越國人是如何掌握和使用這種技術的，對我們來說是一個謎。

越王勾踐劍最讓人吃驚的地方在於它被深埋地下2400年，出土的時候竟然沒有生銹，且依然鋒利無比，閃爍著炫目的青光，寒氣逼人！這是如何做到的呢？根據現代科學測定，劍的表面大部分地方含有不同程度的硫。硫化銅可以防銹，因此，有的專家認為當時人們已掌握了運用硫化銅進行表面防銹處理的先進工藝，即是這柄劍之所以千年不鏽的根本原因。但另一種看法認為，越王勾踐青銅劍千年不鏽的真正原因在於特殊的密封方式，並且浸泡於酸、鹼適度的中性水中。各種說法都有道理，但越王劍千年不鏽確是一個難解之謎。

不管怎麼說，越王勾踐劍都是我們古代勞動人民智慧的結晶，反映了古代人民鑄劍技術的高超。越王勾踐劍以其諸多的謎團，被譽為「天下第一劍」。

西漢巨量黃金消失之謎

價值千萬的黃金，在朝代交替之時，突然消失，原因何在呢？

楚漢戰爭時期，陳平攜黃金4萬斤，到楚國行反間之計；劉邦平定天下後，叔孫通定朝儀，得賜黃金500斤；呂后死後，遺詔賜諸侯王黃金各千斤；梁孝王死後，庫存黃金40萬斤；衛青出擊匈奴有功，受賜黃金20萬斤；王莽末年，府藏黃金以萬斤為一匱，尚有60匱，他處還有十數匱。秦漢黃金之多令後世驚奇，但到東漢年間黃金突然消失，退出流通領域，不僅在商品交換中以物換物，而且以黃金賞賜也極少見。那麼，西漢時的巨量黃金到哪裡去了呢？

學者們根據歷史，作出了種種推測和考證。

1. 黃金實際上都是黃銅

從歷史上看，從秦漢黃金開採量上看，從對外貿易

看，西漢不可能冒出那麼多黃金。人們慣以「金」稱號錢財，有可能把當時流通的銅稱作「黃金」。

　　有人反對這種看法。因為漢代時金、銅區分極明顯，金的開採由金官管理，銅的開採由銅官管理；黃金、銅錢都是當時流通的貨幣，黃金為上幣，銅錢為下幣，黃金的計量單位為斤，銅錢的計量單位為銖；黃金主要用於賞賜、餽贈；銅主要用於鑄錢和鑄造一些器物。黃銅和黃金涇渭分明。根本不可能混淆。

2.黃金造佛像

　　自佛教傳入中國以後，到處建寺，到處塑像，大到通都大邑，小到窮鄉僻壤，無不有佛寺，無不用金塗。加之風俗侈靡，用泥金寫經貼金作榜，積少成多，日消月耗，就把西漢時期大量的黃金消失殆盡。

　　但是史書明確記載，佛教傳入中國是在東漢初年，當時的佛教在中國並未站穩腳跟，只能依附於中國傳統的道教和神仙思想，根本不可能大張旗鼓地修寺廟、塑神像，所以也很少用金塗塑像，即使有一些使用黃金，量也微乎其微，不至於巨量黃金突然消失。而且西漢巨量黃金退出流通領域是在東漢開國時期就發生了，當時

── 指引黃泉路的神奇寶藏 ──

的佛教還沒有傳入中國。

3. 對外貿易的大量輸出

西漢黃金突然消失是因為對外貿易，大量輸出國外造成的。但是西漢時期，中國是世界上少有的經濟和文化都很發達的國家，是商品輸出國，只有少量的黃金流到西域、南海各國購買奇珍異寶，且並不常見，而且許多還是鄰國稱臣納貢而得，加上和漢朝有貿易往來的國家經濟相對落後，對黃金的需求量也很有限。相反，西漢時期絲綢之路的開通，中國向西方國家輸入了大量的絲綢和布帛，換來了大量的黃金。如當時的羅馬帝國，為了獲得中國的絲綢產品用大量的黃金作為交換。

4. 窖藏地下

科學家預測認為，有史以來人類在地球上共開採了9萬噸以上的黃金，而現在留在世上的只有6萬噸，其餘3萬多噸窖藏在地下。而且考古工作者也不斷發現地下窖藏的西漢黃金。以此說明西漢大量黃金突然消失，只能是公私窖藏於地下後因戰亂或人禍，藏主或亡或逃而使藏金失傳。這種說法似乎很科學，而且還有考古發掘實物為證，西漢黃金消失之謎彷彿可以解開了。

但是無論是私人還是國家儲存巨量黃金的金庫總是留有線索的。絕不會因為一場戰爭或一場天災人禍後所有的黃金擁有者都死去或忘記自己的財寶所在。如果說一部分因窖藏而消失還可以理解，而絕大多數黃金都因窖藏而不知所終則難以理解。

5. 黃金被當成陪葬品

西漢時期朝廷規定天下貢賦的三分之一供宗廟，三分之一用以賞賜、饋贈那些忠於漢王朝的文臣武將和敬待外國來賓，剩下的三分之一則用以營造陵墓，構建再生世界。而黃金作為當時的上等貨幣，是財富的象徵，其三分之一用於陪葬是完全可能的，而且這個推理和今日科學家的預測不謀而合。

但事實上，許多漢代的厚葬墓自埋葬日起就已成了盜墓者的目標，因為漢代有用玉衣陪葬的習俗，所以漢墓是盜墓者首選的對象，更何況是陪葬大量的黃金？埋葬在地下的並不限於黃金，還有銀有銅有種種奇珍異寶，為什麼唯獨黃金奇蹟般地消失了呢？

以上幾種說法看似很合理，但是都經不起推敲。西漢巨量黃金失蹤之謎仍在困擾著人們。

敦煌藏經洞中的無價之寶

在莽莽大漠之中，藏著一批經卷，在世界上掀起了一片狂瀾。這批經卷究竟價值多少？

　　敦煌藏經洞原爲敦煌高僧洪辨的影窟，可以利用的空間僅爲19立方米，但其中卻藏有5萬餘卷古代文書和其他一批精美的文物，其中有佛教經卷、社會文書、刺繡、絹畫、法器等，還包括於闐文、突厥文、回鶻文、梵文、粟特文、希伯來文等現已成爲「死文字」的多種文字寫本以及多項世界最早的創造。敦煌藏經洞是在1900年6月22日由道士王圓祿發現的，見證了5～11世紀敦煌的繁榮歷史，也導致了一門新興國際顯學——敦煌學的誕生。但是，數量如此眾多的文書、珍品爲什麼會聚集在敦煌的洞窟裡面呢？當時的人是出於什麼原因將這些資料藏在這裡呢？關於這個問題，自藏經洞被發現後，學者們就一直在爭論著，至今大致可以歸納爲以下

幾種說法：

1. 「藏經洞為供養佛教法物之地」。提出此說的文正義先生是一位僧人，他結合佛教理論與實際指出：寺院都有多處藏經之地，一類珍藏供僧人自己誦讀的佛經，另一類珍藏在佛前供養的佛教內外人士發願書寫的經卷，兩者雖然都是寺院藏書，但卻有著本質上的區別與不同。前者多典藏於寺院的藏經樓，而後者則供養或密藏在石龕、石窟等特殊的地方。根據敦煌藏經洞中經書保存時間長、經卷沒有系統、有無壞經文的特點，推斷藏經洞應為寺院供養經的藏經地。同時，莫高窟是佛教聖地，17窟是洪生前的禪堂，又是其死後的影堂所在，是一處十分莊嚴的地方，這也完全符合寺院供養法物存放地的環境要求。另外，敦煌藏經洞內經藏的包裹方式，以及堆放的層次關係，都完全符合佛教裝藏或供養法物入藏的儀軌。而藏經洞之所以封閉則是一種極為虔誠的宗教行為。由於文正義先生為佛教界內人士，所以該觀點非常具有說服力。

2. 「藏經洞是三界寺的經藏室」。三界寺是敦煌的一座小寺，寺址就在莫高窟，藏經洞中的文獻即為三界

寺的經藏擴充。持這種說法的學者以北京大學榮新江教授為代表，認為藏經洞中文物的最初擺放相當工整，且都標有佛經分類題名和千字文編號，佈局非常規整。同時，藏經洞中的資料基本為完好之作，也有很多是從佛經等上面揭取下來，作修補佛經之用的，不應視為廢棄物。另據研究，在藏經洞大量的佛經寫本中，引首為三界寺的題名或印記者最多，這說明大多數寫經是與三界寺有關的，屬於三界寺的所有財產。更為重要的是，這些寫經、題記中還有大量的三界寺僧人道真的題名，以及有關道真為三界寺修補佛經的記載。這更為藏經洞是三界寺的經藏室提供了有力證據。

3. 「**廢棄說**」。這種說法主張敦煌藏書是在一次寺院藏書大清點中，對大批無用的經卷、文書、幡畫、佛像等進行的廢棄處理，就像是現在的廢物掩埋。但是，佛教人士又不會對佛教用品進行損壞，於是敦煌藏經洞就擔當了廢物處理廠的功能。

4. 「**珍藏說**」。這種說法與「廢棄說」是相悖的，此說根據藏經洞中物品的有序堆放以及文物中大量精美完整的絹紙繪畫和卷軸、刺繡等美術品，認為藏經洞中

珍藏的是寺院佛經和資產，這也與佛教傳統的「石室藏經」有關，即佛教中專門藏經之處。並且，藏經洞所在的位置也符合寺院或石室藏經的方位關係。

不過，也有人認為敦煌藏經洞並不具有什麼特殊的性質，它的作用只相當於今天每家都有的舊物儲藏室，藏經洞內的物品，也就相當於放在陽臺上或儲藏室中的雜物。此說應和者不多，可視為一家之言。

目前，對於藏經洞的性質普遍認同的說法卻是「戰爭說」，即在西元1035年，敦煌被西夏人佔領，在破城之前，僧人將不便帶走的經卷、文書、法器等物進行了一次大規模的整理，然後將其碼放在洞窟之中，封閉了洞口。這只是在戰亂中力圖保護佛教資產的偶然行為，並沒有經過長時間的醞釀和準備，所以藏經洞並沒有明確的性質。

與敦煌藏經洞的性質相對應，其封閉原因以及時間一般有兩種推測：

一為「廢棄說」。該觀點的代表人物是匈牙利人斯坦因。1907年，斯坦因來到敦煌，買通了王道士進入藏經洞。他從大量經卷中挑選了許多好的寫本、絹畫等，

裝了29箱，於1909年運到了英國倫敦，入藏倫敦大英博物館。這是進入敦煌藏經洞的第一個外國人。他根據在藏經洞中發現的一些漢文殘頁、殘經卷、木軸、絲帶、布包皮、絹畫殘片等，推測藏經洞就是存放敦煌各寺院廢棄物的處所之處，還依據所見寫本和絹畫題記最晚為10世紀末的情況，認為藏經洞封閉時是在11世紀初葉。

中國社會科學院方廣錩教授也持此觀點，他認為藏經洞中的經卷是失去了使用價值的廢棄物。因為，經過長期使用的佛經會有破損，又不許拋棄，只能另行收藏；敦煌寺廟也經常清點寺內的佛典及各類藏書，對於失去價值的就會進行汰舊更新。於是，那些破殘無用的經卷、文書與廢紙以及舊畫佛像就被封存在第17窟。日本學者藤枝晃則認為，1000多年前，「屏風式」佛經印本從中原傳到了敦煌，「卷子式」手抄本被取消後封存在石窟中。

但大部分學者認為藏經洞的封閉是莫高窟僧人為躲避戰亂，而將不便攜帶又不忍丟失的經籍文書、銅佛法器等藏在了洞窟。這種說法又各有不同，分為：

1. 避西夏之難說

1036年，西夏佔領了敦煌以及整個河西走廊。而藏經洞中的卷本所題年號，最晚爲1002年，故推測藏經洞的封閉應在1036年以前，即西夏佔領敦煌之前，莫高窟僧人爲保護經卷，將大批的寫經和文物封藏於洞中，並在洞壁外以佛像僞裝。

2. 避黑韓之難說

黑韓是唐宋時期中亞東部的阿拉伯國家，北宋初年，黑韓勢力東擴，1006年攻滅於闐（今新疆和田），並繼續東進。於闐陷沒以後，大批於闐人逃到敦煌，帶來了關於黑韓王朝滅佛的消息。爲防備以伊斯蘭教爲國教的黑韓王朝的進攻，於是，當時駐守敦煌的軍、政、僧界官員將佛教文物封藏起來。

3. 避道教之難說

成吉思汗西征時，其軍師丘處機道士與佛教爲仇，每到一處必毀壞佛物。而敦煌石窟在元朝以前爲大佛寺，寶藏甚豐。爲免遭浩劫，故敦煌僧人在蒙古軍隊到來前將佛教文物祕藏石洞。

究竟是什麼原因讓如此之多的經卷藏身於莽莽大漠之中，至今仍然是一個謎。

誰盜了關中十八陵

關中十八陵中有十七陵被盜，至今仍不能確定是何人所為。

　　著名的「唐十八陵」或「關中十八陵」乃是唐朝18個皇帝的陵墓。唐代從西元618年建國，至西元907年滅亡，歷時289年。共21帝20陵（高宗李治與女皇武則天合葬乾陵），除昭宗李曄和陵和哀帝李柷溫陵分別在河南澠池和山東菏澤外，其餘18座陵墓集中分佈在陝西省乾縣、禮泉、涇陽、三原、富平、蒲城6縣，東西綿延100餘公里。

　　唐代帝陵從唐太宗李世民葬九峻山開始，除唐武宗端陵和唐僖宗靖陵外，都構築在山上。「依山爲陵」一方面是爲了顯示氣勢雄偉，另一方面也是爲了防盜。令人遺憾的是，「關中十八陵」除乾陵倖免於難外，據史學界和考古學界專家的考證，其他陵墓都遭受過不同程

度的盜掘。那麼是誰盜掘了「關中十八陵」呢？據歷史記載，主要有以下三種觀點：

觀點一：朱泚盜陵說。朱泚本爲唐臣，徑原兵變、德宗出走奉天後，即自稱爲帝。據史料記載，唐德宗在其詔書中曾說過：「朱泚反易天常，盜竊名器，暴犯陵寢。」新舊《唐書》、《資治通鑒》和專門記錄朱泚之亂的《奉天錄》也曾記載道「斬乾陵松柏，以夜繼晝」，「據乾陵作樂，下瞰城中，詞多侮慢。」

據此，有的學者提出了異議：大多數盜陵者皆爲財寶而來，而朱泚既踞京師，府庫之寶取之不盡，又何必去盜皇陵呢？況且朱泚稱帝不久，就率師西進，與唐軍交戰於奉天，兵敗後逃回長安，根本就沒有盜陵的時機。據此推斷，德宗「盜竊名器」之言是針對朱泚自稱皇帝而言的；至於「暴犯陵寢」，也僅僅是指朱泚砍伐乾陵的樹木、移帳陵寢的不敬行爲而已。所以，朱泚盜陵不可信。

觀點二：黃巢盜陵說。黃巾軍起義一度攻佔長安，後來黃巢兵敗退出長安。此後，在高駢寫給唐僖宗的奏章中曾說到「傘則園陵開毀」。然而在新舊《唐書》僖

— 指引黃泉路的神奇寶藏 —

宗記、黃巢傳和《資治通鑒》中都沒有記載黃巢盜陵之說。如果黃巢當時真的盜了唐陵，那麼唐僖宗在鎮壓了起義軍後，必定要下令予以修復。可事實上僖宗只下了一道《處長奉太廟制》，並沒有頒發修復陵寢的詔書。可見，關於黃巢盜陵之事並沒有真憑實據。

觀點三：溫韜盜陵說。據史料記載，溫韜年輕時聚眾為盜，佔據華原後改名李彥韜，被任命為義勝軍節度使，統耀、鼎二州。後來溫韜投降後梁，又降於後唐，而後唐大臣郭崇韜曾指責溫韜盜掘皇陵，要求將他處死。《舊五代史‧溫韜傳》記載：「唐諸陵在境者悉發。」《資治通鑒》中有「華原賊帥溫韜聚眾，唐帝諸陵發之殆遍。」的記載，而在《新五代史‧溫韜傳》也有「韜在鎮七年，唐諸陵在其境內者悉發掘之。……惟乾陵風雨不可發。」的言論。有的學者從分析溫韜的轄地入手分析，如果溫韜真的盜掘唐陵，也只是部分而已，並不是全部。據《宋會要》記載，北宋建立後，太祖趙匡胤決定修復前代帝王陵寢。為此，詔令州縣檢查歷代帝王陵寢的存廢情況，結果得知「關中十八陵」中的12座曾經被盜掘。又據考證，自從宋太祖大規模修復

諸帝陵寢後，保護帝王陵墓的詔書屢著於令典，而盜掘唐陵的隻字卻不見於史書記載。所以說，到日前爲止，「關中十八陵」中獻、端、昭、定、建、元、崇、未、章、貞、簡、靖12座皇陵已被盜，而乾、莊、橋、泰、景、光6座唐陵未曾被盜。

當然，由於歷代古書對「關中十八陵」的被盜記載敘之不詳，有的雖有記載卻難免有疏漏之處。所以，「關中十八陵」被盜情況至今尚未明瞭，還須考古學家做進一步的研究和探索。

張獻忠金窖之謎

張獻忠兵敗後埋藏了大批寶藏，可是這些寶藏在哪裡呢？

明末農民軍領袖張獻忠出身貧苦家庭。1644年，張獻忠率農民軍入蜀，在成都稱帝登基，建立大西政權。可是不久即被清王朝所滅。據傳張獻忠戰敗之前，將其億萬金銀採取窖藏辦法埋於四川，以備東山再起。但隨著張獻忠的戰死，這個祕密也就一直沒有揭開。

據稱，張獻忠曾留有一張「藏寶圖」。1646年7月，張獻忠被迫撤出成都前，做了一件奇怪的事。他花費了巨大的人力，在錦江築起高堤，但並不是為了治理水災，而是在堤壩下游的泥沙中挖了一個數丈深的大坑，將他搶來的數以萬計的金銀財寶埋在坑中，並以石牛和石鼓作為暗記，然後重新決堤放水，淹沒了埋藏財寶的大坑，此舉稱為水藏。

多年來，成都有童謠唱道：「石牛對石鼓，銀子萬萬五。有人識得破，買盡成都府！」據說即指此事。張獻忠究竟是否曾經藏寶，至今仍爲疑案。一首民間歌謠可能暗藏一個懸疑的寶藏祕密；一張藏寶圖可能引發一場浩大的挖銀工程。長期以來，多少人空懷「買盡成都府」的妄想，卻苦於識不破這個祕密。

　　晚清時，有個叫楊白鹿的貢生知道這個驚人的祕密，晚年把這個祕密告訴了他的好友馬昆山，並把一張無價的「藏寶圖」給了他。馬昆山禁不住心花怒放，當即成立「錦江淘金公司」，於1938年農曆九月開始轟轟烈烈地挖掘寶藏。幾天後，果真挖出一個大石牛，還挖出了大石鼓。不久，又傳來驚心動魄的「喜訊」：坑旁安置的金屬探測儀突突直響，很可能是探測到了金銀。錦江淘金公司立即購置了大批籮筐扁擔，訂購了一部起重機，等金銀一出土，就集中人力搬運，直接繳存銀行。然而，歷史卻偏偏愛和人們開玩笑，工人們奮力挖出來的不是金銀，只有三大籮筐小銅錢。

　　據《彭山縣誌》載：順治三年，在張獻忠撤離成都時，因爲旱路已被清軍封阻，只好改道由水路出川。

— 指引黃泉路的神奇寶藏 —

張獻忠的船隊從成都啟程，沿錦江行至彭山縣江口境內時，遭到明參將楊展部隊的伏擊，幾乎全軍覆滅，許多載滿金銀的木船就沉沒在彭山縣江口境內的水域中。

那麼，彭山縣江口鎮境內水域到底有多少當年張獻忠的沉銀呢？據《蜀難紀實》記載，「累億萬，載盈百艘」，因為當時張獻忠船隊遇到阻擊時，沉船堵塞了江道，使得大部分的銀兩都沉沒於此。

流經成都市內的錦江，其支流起於成都市金牛區洞子口，止於成都所轄的彭山縣江口鎮，全長97.3公里。江口鎮作為錦江的下游，有沒有可能與這批沉寶有聯繫呢？當地人這麼唱道：「石龍對石虎，金銀萬萬五，誰人識得破，買到成都府。」不同的是，石牛和石鼓換成了石龍和石虎。在江口鎮的石龍溝中，石龍石虎遙遙相對。石龍對石虎，金銀萬萬五又會在哪裡呢？

垂涎這筆巨額財富的自然大有人在，連清朝政府也動過一番腦筋。據《彭山縣誌》載：「乾隆五十九年冬季，漁者於江口河中獲刀鞘一具，轉報總督孫士毅，派員赴江口打撈數日，獲銀萬兩並珠寶玉器等物。」《清文宗實錄》卷八十九記載：道光十八年，清政府曾

派官員到錦江實地勘察，因找不到窖藏的確切地點而中止。咸豐三年，翰林院編修陳泰初又舊事重提，呈請尋找這筆財寶。當時正值太平天國革命高潮，清政府財政困難，咸豐皇帝命成都將軍裕瑞「按照所呈各情形，悉心訪察，是否能知其處，設法撈掘，博采輿論，酌量籌辦」，但最終沒能找到。

近50年中，彭山縣江口鎮的漁民在撒網時，曾經撈起過銀製的元寶，上面有當時成都府庫的烙文。這就表明了300多年前的那次水戰中，張獻忠的船隻的確在此沉沒不少。

2005年4月20日，彭山縣江口鎮岷江大橋附近的老虎灘河床引水工程建設工地上挖掘出了一些銀錠，銀錠上「崇禎十六年八月，紋銀五十兩」字樣清晰可見。從出土銀錠中的銘文可以看出來自湖南、湖北地區，爲崇禎時期的稅銀，與張獻忠轉戰路線及所占地點十分吻合。

300多年來，張獻忠沉銀之說一直是一道謎團。挖掘出土的銀錠，無論從銀錠本身還是其外包裝，都與史料記載相吻合，從而證實了張獻忠在此沉銀之說完全符

合歷史真實。可是，歌謠裡提到的大筆財富卻仍未完全浮出水面。這筆財富究竟有多少，難道另外的地方還會有嗎？看來這筆財富又是一個新的「天朝國庫」之謎了。

西安何家村遺寶之謎

誰是何家村珍寶的主人？又緣何將其遺失千年？

　　1970年10月5日，在陝西西安南郊何家村的一個基建工地上，人們意外地發現了一處唐代窖藏，其內容的豐富和精美十分罕見，震驚了中國和世界，因此考古學家將它命名爲何家村遺寶，這是二十世紀唐代考古的一次劃時代的重大發現。其實只要稍微對何家村遺寶予以關注，每個人都會被其璀璨奪目的雍容富貴所吸引。而這些千年珍寶遺留下來的謎題也同樣令人著迷。

　　何家村金銀遺寶當年挖出之後，有段時間一直祕不示人，即使是何家村村民們也無從知曉。直至1971年6月，在北京故宮慈寧宮舉辦的「全國出土文物珍品展」上，何家村窖藏出土文物才首次與世人見面。

　　在何家村遺寶出土之後的很長時間中，很多人都認爲這些寶物的主人是唐邠王李守禮。其父章懷太子李賢

是武則天爲唐高宗所生次子，上元二年，曾被立爲皇太子，後因遭武則天猜疑而被逼自殺。

近些年來，學者們又提出不同的看法。有考古學家認爲唐租庸使劉震可能是何家村遺寶的主人。作爲尚書租庸使，劉震有機會接觸到大量的皇家物品，同時遺寶中有不少庸調的銀餅，也從一個方面證明了這點。最重要的是，唐德宗時期涇原兵變時，皇帝匆忙中逃離長安城，劉震曾試圖攜財出逃未果，後叛亂被平定之後，劉震因投降叛軍而被朝廷處死，這也使得劉震匆忙藏寶又無法取走，於是，在其宅院中遺留下了何家村的珍寶。

然而，雖然劉震是負責保管皇家物品的，但是以租庸使這樣的身份，劉震又如何能擁有如此眾多皇家器皿及外國進貢物品呢？它們的主人如果不是劉震又會是誰呢？

從遺寶出土的物品來看，錢幣眾多，早有春秋齊國「即墨法化」刀，晚有唐「開元通寶」金銀幣，西有東羅馬金幣，東有日本「和同開寶」，同時遺寶中還有數量巨大的不流通幣，也就是專門爲宮廷賞賜、娛樂而製造的金開元和銀開元，錢幣數量繁多，種類豐富，而且

成系統，那麼，它們的主人會不會是一位身居要位的錢幣收藏家？

　　何家村遺寶中還有成組成套的藥具和大量藥物出土，這些藥物在唐代均爲名貴藥物，藥具中有貯藏藥物的罐、盒、鼎，煎藥的鍋、鐺、銚等，還有幾件被稱作石榴罐的純銀器皿。據專家說，石榴罐是煉丹重要的工具，難道何家村遺寶的主人是一位與道教有密切關係的人嗎？如果遺寶的主人真的是位道教信徒，也一定是位尊貴的道教信徒，因爲在遺寶中出土的12條金走龍，只有達到一定地位才可使用。

　　遺寶中有很多進貢物品，有的直接墨書有「進」字，表明是地方進貢，同時也有外國貢品，像獸首瑪瑙杯即使在唐代也是極品的外國文物，還有很多金銀器上有大量的墨書題記，它們記錄了包括存放物品的名稱、重量、數量，物品的使用方法和來源，以及金銀器自身的重量等，內容詳盡，仔細認真，例如：大粒光明砂銀盒，它的盒蓋裡、外都有墨書題記，分別記錄了7種物品的數量和重量，另有一些帶墨書的器皿，明顯屬於同一組，入庫時統一秤重並墨書標出，經核對絲毫不差，

如果私人財物沒有必要做如此詳實的記錄，墨書題記應該是在收藏入庫時登記秤重留下的筆跡，這些器物出土時，墨書題記都非常清晰，說明它們自入庫登記後再沒有被使用過，同時還說明對這些器物的管理是相當嚴格的，所有這些都將遺寶的主人指向了唐朝皇室，也只有皇室才能擁有如此超貴價格的珍寶。

何家村遺寶中有一部分金銀器皿，雖然製作精美，但從紋飾上看尚未完工，例如：孔雀紋銀方盒，正面對稱的兩隻孔雀相比較，左邊的腹部還未鏨刻出羽毛，腳下踩著的蓮蓬也沒有孔眼；鎏金小銀盒，蓋面上僅僅刻畫出起稿線，而且起稿線細如髮絲，離紋飾加工的最終完成還有許多道工序，銀餅、銀鋌、銀板，上面有明顯的切削痕跡，似乎是作為原材料使用的，這是否表明，它們來自一處金銀作坊？專家們認為，當時地方或民間不可能有如此高水準、大規模的金銀作坊出現。何家村遺寶中為什麼會出現未完成品，至今沒有更明確的答案。

千餘件精緻豪華的器物濃縮著盛唐的生活印記，也彰顯了盛唐時代的社會之發達。遺寶的主人為我們留下

了這批遺寶，同時，也為我們留下了許多至今無法解開
的謎團。這一個個千古之謎，吸引著喜歡它們的人們不
斷追尋和探究，而這或許是何家村遺寶的另一種魅力。

— 指引黃泉路的神奇寶藏 —

印加藏金有多少

傳說中的太陽城，真的是由黃金建成的嗎？如果是真的，那些黃金藏在哪呢？

在西元15世紀中葉，祕魯利馬附近的由印第安人建立起的印加帝國。據說，印加人非常崇拜太陽神，他們看到黃金發出光澤與太陽的光輝同樣璀璨，因此特別鍾愛黃金，千方百計地聚斂黃金。所有神廟和宮殿都使用了大量的黃金，大多數印加人都佩戴黃金製品和收藏著黃金。印加國黃金的傳說也因此而傳播開來，引起了一些殖民主義者的佔有欲望。

西元1525年1月，西班牙殖民者法蘭西斯科‧皮薩羅，率領西班牙殖民軍開始入侵印加帝國，一心想把印加帝國的巨量黃金掠為己有。1532年，皮薩羅率軍攻佔了印加帝國的卡哈馬卡城後，讓印加帝國的皇帝阿塔瓦爾帕交出40萬公斤黃金。可是，就在印加人忙於向卡哈

馬卡城運交黃金之時，心狠手毒的皮薩羅卻殺死了阿塔瓦爾帕皇帝，向印加帝國的首都庫斯科進攻。他滿心以爲，這下子可以把印加人歷來聚斂的黃金全部掠到手。然而，皮薩羅率軍佔領庫斯科之後，並沒有能找到傳說中那麼多的黃金。

西元1533年前後，皮薩羅得消息說，印加帝國的大量黃金在阿塔瓦爾帕皇帝遭到殺害後，被一部分印加人偷偷地運到印加帝國「聖地」的的喀喀湖中隱藏起來了。的的喀喀湖位於祕魯和玻利維亞交界處的安第斯山脈中，湖面海拔高度爲3800多米，面積爲8290平方公里，水深一般在20米以上，最深處達300多米，是世界上海拔最高的可通航的淡水湖。自古以來，土著印第安人就生活在湖的周圍。據說，當時印加人帶著巨量的黃金和寶物到了的的喀喀湖以後，便乘坐蘆葦筏子向湖心劃去。等到劃了一段距離後，印加人就把帶來的所有黃金寶物都投進了湖裡。皮薩羅得知這個消息後，在1533年12月派部下迭戈・德爾圭羅和佩德羅・馬丁內斯前去的的喀喀湖探寶。他們到了湖上東尋西找，相繼找了七、八年，直到皮薩羅被暗殺而死，也沒有能在湖上發現巨

量黃金的下落。

皮薩羅尋找黃金接連遭到挫折，這就使得原來關於印加帝國藏有巨量黃金的傳說變得玄虛起來。當時有不少人開始懷疑傳說是無中生有，但是，有不少人，特別是一些西班牙殖民者，對傳說卻是深信不疑。

在皮薩羅之後的一些西班牙殖民者，瞭解到位於印加帝國首都庫斯科北面兩公里處有一個名叫薩克薩伊瓦曼的要塞，那裡的地道是印加人藏寶的傳統之地。他們猜測印加的巨量黃金這次可能也被隱藏在那裡，於是他們就一次次到薩克薩伊瓦曼進行搜尋。薩克薩伊瓦曼要塞建在一個山坡上，共有三道由巨石砌成的牆圍著，每道牆高18米。要塞一共有21個堡壘和瞭望台。在山腰較高的一座平臺上有一塊堅硬的巨石，它是歷代印加皇帝檢閱印加部隊時的寶座。要塞裡還建有太陽神廟、王室浴池和競技場等各種建築。在要塞的中央聳立著一座圓塔式建築物，整個要塞就像迷宮一樣，十分複雜。因此，西班牙殖民者每一次進入要塞，卻始終找不到地道的祕密入口處。

西班牙殖民者在薩克薩伊瓦曼要塞一無所獲之後聽

九死一生的恐怖謎團
北緯30度的恐怖死亡

人說：印加帝國的大量黃金和珍寶，也許隱藏在安第斯山脈中一個叫做馬丘比丘的神祕城堡中。於是，他們又轉而找起馬丘比丘來。西班牙殖民者在安第斯山脈的群峰密林中出沒，但是，一直尋了好久，也沒有能找到馬丘比丘城堡的蹤影。

1911年，美國耶魯大學研究拉丁美洲史的教師海勒姆・亞・賓厄姆，來到安第斯山考察。在離庫斯科西北122公里處的兩座峭峰之間，找到了這座傳說中的馬丘比丘城堡的遺址。海勒姆對馬丘比丘進行了反覆詳細的勘測，他發現古城堡地勢險要，終年雲霧繚繞，十分隱蔽。城堡內既有道路、廣場、城門，也有宮殿、祭台。城內的所有建築幾乎都是用淺色花崗石砌成的，每一塊石頭都差不多有上噸重。有一座祭壇的一個祭台，竟然是用一塊100多噸重的花崗石板搭起來的。城堡內還有許多用花崗石砌成的房屋，整個城堡充滿著撲朔迷離的情景。但是，令人遺憾的是，最終他也未能如願以償地找到印加人隱藏的巨量黃金。

雖然探求印加帝國寶藏的人不少，但誰也沒有發現什麼。印加帝國真的存在嗎？還是寶藏另有藏處？

「紅色處女軍」的珍寶

世界並不是男人的天下，在男人的壓迫之下，女人的反抗更可怕！

　　9世紀捷克女王麗佈施及其丈夫普熱美斯公爵創建了古老而美麗的布拉格城堡。城堡後經多次擴建，直到一千多年後的1918年，捷克斯洛伐克共和國的總統府仍設立於此。麗佈施女王以始建舉世聞名的布拉格城堡而流芳千古，她手下的女衛隊長普拉斯姐卻以創建「紅色處女軍」，埋藏了一批巨額寶藏，也在捷克歷史上留下千古之謎。

　　所謂「紅色處女軍」即完全由尚未結婚的處女組成的軍隊。有人說，普拉斯姐是個作惡多端的女妖，她誘使年輕女子去犯法；也有人稱她爲女中豪傑。據歷史記載，她天資聰慧，而且練就了一身過人武藝，但極端憎惡男人。有人分析，普拉斯姐之所以對男性深惡痛絕，

120

可能是因爲她從小受到父親的虐待，又在尚未成年時被男人凌辱過，所以她幼小的心靈中留下了深深的傷痕。

9世紀初，麗佈施女王嫁給普熱美斯公爵以後，建立了一支威風凜凜的皇家衛隊，其隊長就是普拉斯姐。這支衛隊完全由清一色的年輕女子組成，她們負責保衛女王和皇宮的安全。普拉斯姐兢兢業業爲女王服務，與女王結下了很深的感情。麗佈施女王去世後，普拉斯姐深感悲痛，她不願意再爲國王普熱美斯公爵效勞，便率領自己手下的女兵來到捷克北部的維多夫萊山，從此占山爲王。

普熱美斯公爵曾派一名使臣到維多夫萊山區，試圖把普拉斯姐重新請回到王宮。結果，年輕的叛逆姑娘卻把這名使臣閹割後轟了回去。普拉斯姐的這種做法激怒了國王，但吸引了周圍地區許多年輕的姑娘。一批批年輕的女子不堪忍受男人的欺壓，陸續投奔了普拉斯姐。沒過多久，普拉斯姐手下就有了一支真正的部隊，這就是後來威震朝野的「紅色處女軍」。普拉斯姐本人也開始了她傳奇般的生涯。

普拉斯姐的「紅色處女軍」規模越來越大，最多時

達到上千人。為了維持部隊的給養，她率領軍隊離開了貧瘠的維多夫萊山，在迪爾文城堡建立起了自己的武裝大本營。

隨後，「紅色處女軍」四處打家劫舍，徵收捐稅，推行自己的法律。這些法律大部分是針對男人的。據說，為了蔑視男人，她有時會帶著幾名女兵，手持利劍和盾牌，赤身裸體地去市鎮遊逛，如果哪個男人膽敢朝她們看一眼，她們就會毫不遲疑地把那個男人處死。

普拉斯姐在自己的地盤上行使著至高無上的絕對權力。她規定：

1. 男人不許佩帶武器，不許習武，否則處以死刑。

2. 男人必須種地、做買賣經商、做飯、縫補衣服、做所有女人不願做的家務活；女人的職責則是打仗。

3. 男人騎馬，雙腿必須懸垂在坐騎左側，違者處以死刑。

4. 女人有權選擇丈夫，任何拒絕女人選擇的男人都將處以死刑。

這些古怪的法律十分苛刻。普拉斯姐這一極端的做法不僅激起了當地男人的強烈反抗，也終於讓普熱美斯

122

九死一生的恐怖謎團
北緯30度的恐怖死亡

覺得忍無可忍。於是，國王普熱美斯派遣大軍圍剿普拉斯妲。

普熱美斯的軍隊由於過於自信和輕敵，被「紅色處女軍」打得落花流水。國王普熱美斯在布拉格得知自己的軍隊在山裡竟被一幫女孩子弄得暈頭轉向，盛怒之下，他親自率領著大軍浩浩蕩蕩地前來圍剿。

在維多夫萊山區，普熱美斯大軍依靠人數上的優勢，採取突然襲擊的戰術，把處女軍層層包圍，縮小包圍圈後殺死了一百多名頑強抵抗的處女軍戰士。在迪爾文城堡的普拉斯妲聞訊後，親手扼死十幾名俘虜，並率領自己的戰友對普熱美斯大軍進行了殊死抵抗。一時間，山岡上殺聲震天，幾公里外都能聽到她們和男人拼命時的喊叫聲。最後，城堡中所有的處女軍戰士全部壯烈犧牲，沒有一個逃命投降的。而普拉斯妲本人最後扔下了手中的盾牌，脫光了身上的衣服，僅僅拿著一把利劍，赤身裸體地和皇家軍隊進行了最後的拼殺，直到流盡了最後一滴血……

普拉斯妲多年跟隨女王，見多識廣，對王室的金銀財寶瞭若指掌，加之她本人喜歡雍容華貴的奢華生活，

又多年劫掠富豪，搶劫了不少的貴族城堡，聚斂起大量的金銀財寶。在普熱美斯軍隊未到之前，她早已預見到自己凶多吉少，於是她在迪爾文城堡早已把大量的寶藏埋藏起來。這筆財寶主要有金幣、銀幣以及處女軍戰士不願佩戴的大批珍貴的金銀首飾，數量極為可觀。處女軍被全部殺死之後，後人就想到了這批珍寶。有人不斷地在當年她們活動的地區挖掘，試圖找到她們埋藏的珍寶，但始終沒有找到。

隨後，普熱美斯家族以布拉格為中心建立的王朝依附神聖羅馬帝國幾百年。在普熱美斯王朝統治波西米亞的幾百年間，這幾代王朝都沒有忘記普拉斯妲和她埋藏的財寶。他們曾多次派人去維多夫萊山區搜尋這批寶藏，但每次都空手而歸。一直到現在，也始終沒有人能知道。普拉斯妲卻以創建「紅色處女軍」，又埋藏了一批巨額寶藏，也在捷克歷史上留下千古之謎。

北歐海盜寶藏之謎

在海盜的世界裡，有著海盜的邏輯。他們的藏寶位置，
自然也非常人所能想到的。

　　早在西元前6000年，有一個民族乘著簡陋的小船，
走遍斯堪的納維亞半島，這就是維京人，也就是北歐海
盜的祖先。

　　西元8世紀末期，他們乘著他們的長體船活躍在西
北歐的海岸線上，見到可奪的財寶便劫掠而去。人們都
被北歐海盜的閃電般的搶劫嚇得心驚膽顫。那個時候有
一句祈禱詞：「解放我們吧，哦，上帝，別讓斯堪的納
維亞人降怒於我們！他們毀壞我們的土地。他們殘殺我
們的婦女和兒童。」

　　西元787年，維京人首次掠奪英國，從此，維京人
開始攻略歐洲，從英國蔓延到蘇格蘭、愛爾蘭、西班
牙、葡萄牙、義大利、俄羅斯、君士坦丁堡、德國、法

國的盧昂、圖爾、沙特爾直至巴黎。凡是他們經過的地方幾乎都變成了血與火的海洋。挪威海盜在襲擾不列顛的同時，還遠航到赫布里底群島、奧克尼群島、法羅群島，在那裡定居，並於西元874年到達冰島，西元986年到達格陵蘭，西元1000年左右到達北美海岸。而東路則主要是瑞典的海盜，他們於9世紀初進入俄國，後建立了新俄羅斯，定都於基輔。可見這些北歐海盜絕非平庸之輩，他們的祖先早在幾百年前就在大不列顛島和歐洲大陸之間扮演著舉足輕重的角色。

到14世紀下半葉，雖然維京人的狂飆已經過去，北歐的海盜活動卻有增無減。無數「獨立的」海盜各行其是，他們幾乎全部來自北歐的港口。在北歐水域，一支熟悉大海的野蠻的海盜隊足以令所有在北海來往的船隻望風而逃。在北歐的海岸線上，幾乎沒有一艘從事海上貿易的船隻能在反抗之後得到他們的寬恕。因為他們自稱是「上帝的朋友和全世界的敵人」。

當時，在丹麥女王瑪格麗特強烈的擴張欲望之下，無數挪威人和瑞典人死於非命。於是，斯德哥爾摩的居民們只好求助於海盜以抵抗丹麥人的入侵。自1389年春

九死一生的恐怖謎團
北緯30度的恐怖死亡

天以來，丹麥人從周邊農村開始，形成了一個圍繞著瑞典城市的嚴密包圍圈，使被圍困的瑞典人只剩了海上一個通道。三年之後，為了支持瑞典的港口城市，梅克倫堡公爵以瑞典國王的名義發佈了一個公告：「所有在海盜行為中因反抗丹麥王國和挪威王國而進行搶劫、偷盜和縱火，但同時向斯德哥爾摩提供援助的人，可以在維斯馬和羅斯托克領取特許證。這樣他們就可以全副武裝地自由進出這兩個港口，同時也確保他們的戰利品萬無一失。」

這個簽發的特許證使得很多北方的海盜船長突破封鎖線，給被圍困的、饑餓的斯德哥爾摩居民提供了必需的食品，從而產生了海盜們所謂的「糧食兄弟」聯盟。

圍斯德哥爾摩的戰鬥結束後，憑藉這份「合法的資料」，海盜們不但劫掠丹麥的船隻，而且還劫掠每艘在海上從事貿易的船隻。1392年他們還奪取了獨立的波羅的海島嶼高特蘭，這裡是很多航線的起點。「糧食兄弟」的參與者們甚至開始把他們的組織向「國家」的形式發展。

克勞斯・施托爾特貝克爾就是屬於「糧食兄弟」同

盟的最大膽的海盜之一。他出生在德國的維斯馬，常年指揮著五十艘船隻在北海和波羅的海劫掠。對有些人來說他是一隻可怕的海狼，但在另一些人眼裡他是劫富濟貧的「海上的羅賓漢」。

1393年4月以來，這些海盜們的勢力越來越強大，以至於他們敢於冒險對挪威南部一座富裕的貿易城市貝根發起進攻，洗劫並燒毀了這座城市。他們從不放過任何船隻，很多船根本不敢到公海上來。在海上肆虐的過程中，他們不但積聚了數量眾多的西方國家的珍貴物品，而且還攫取了巨大的金銀寶藏。

當「糧食兄弟」的海盜船在北海變得越來越肆無忌憚時，英格蘭國王理查德二世和丹麥女王瑪格麗特為了共同打擊海盜行徑而有意聯合起來，共同對敵。

1401年夏天，當施托爾特貝克爾在北海以「之」字形逆風航行時，遭到英格蘭船隻伏擊。經過一場激烈的海戰，海盜們最終遭到慘敗。在這場戰鬥中，包括克勞斯‧施托爾特貝克爾在內共有七十三名海盜被抓進監獄，四十名海盜被打死。隨後，這位海盜船長被送回其祖國——德國審判，在那裡被判處砍頭的極刑。

1401年10月的一天，被捕之後的克勞斯‧施托爾特貝克爾和他的七十三名海盜兄弟一起被押往格拉斯布魯克。當時，所有的海盜都要求穿上最好的衣服踏上最後的行程——斷頭臺。當絞索即將套上他們的脖子時，這個海盜的頭目向漢堡的議員提出了條件：他將拿出一個像花環一樣美麗的金錨鏈及無數的金幣，再加上向漢堡捐贈一個金質的教堂鐘樓樓頂，以此贖買海盜們的自由。這個請求被斷然拒絕後，七十三名海盜人頭落地。隨後，他們血淋淋的頭顱被一排排釘在木椿上示眾。

　　不久以後，施托爾特貝克爾的海盜船「紅色魔鬼」號被一個普通的漁民買了下來，他想把船的船板、船舷和桅杆做成木柴。在鋸斷三根桅杆時，在凹處發現了大量的金幣和銀幣。原來這是「糧食兄弟」搶來的戰利品。但這個漁民並沒有留下寶藏，而是把裝滿財寶的桅杆埋到了一個祕密的地方。

　　漢堡的議員當時確信，不論採取什麼手段，他們總會找到施托爾特貝克爾的寶藏的。但後來的事實證明，這些議員們的想法錯了，直到今天，北歐海盜的寶藏仍然是一個謎。

羊皮紙上的藏寶圖

黃金殺人，海盜所聚斂的寶藏給人的巨大誘惑，恐怕是
超越生與死的。

18世紀初，印度洋和東非馬達加斯加海域海盜活動
猖獗。但凡途經此地的船隻，大都難免遇難。而這其中
最為兇暴最為顯赫的，就是拉比斯。

拉比斯主要搶劫豪華商船和政府「寶船」。1716～
1730年，他在印度洋和東非海上稱霸14年，總共攫取了
54萬公斤黃金，60萬公斤白銀，其中還有數百顆鑽石及
各類珍奇寶物。1721年4月，他夥同海盜泰勒狼狽為奸，
搶劫了印度洋波旁島聖但尼灣躲避風暴的葡萄牙船隻
「卡普聖母」號，搶走船上價值300億法郎的金銀珠寶，
並將其重新裝修一番，取名「勝利者」號。

拉比斯把搶劫的財物雇人運到一個島嶼上埋藏，並
一舉殺害所有的埋寶人。他煞有其事地透露這個寶藏是

從塞舌耳群島運到馬達加斯加海角的印度海域的。他可以拿寶藏作爲完全赦免的交換條件。1729年，法國海軍終於搜捕到拉比斯，經特別刑事法庭審判，他被定爲海盜罪而處以絞刑。1730年7月7日下午5時，拉比斯的脖子終於被套上絞索。當他被押向斷頭臺時，突然向蜂擁而觀的人們扔出一卷羊皮紙，並吼道：「我的寶藏屬於那些能真正讀懂它的人！」

在他遺留下來的那卷引人注目的羊皮紙上，寫有一封密碼信，畫有17排莫名其妙的圖案，這圖案代表若干密碼，誰能最終譯出這密碼的內容，誰便能夠找到真正的寶藏所在地。這份密碼終不得解，至今留在法國國家圖書館。它的一份影印本曾落入英國探險家瑞吉納‧克魯瑟韋金斯手中。這個人斷定拉比斯財富必在印度洋上的塞舌耳島上，因而他攜帶畢生的積蓄到塞舌耳島待了整整28年，對17排圖樣作了孜孜不倦的探索，終於破譯了16排密碼。但對其中的第12排圖樣卻尋求不到答案，直到他因病去世時也未能解開此謎底。

除塞舌耳島外，另6個印度洋島嶼也可能是拉比斯藏寶地：毛里求斯島、波旁島、馬埃島、聖瑪麗島、弗

里卡特島及羅德里格島，這些島嶼都是拉比斯一夥海盜常來常往之地。後人根據破譯出來的密碼在毛里求斯島找到了許多藏寶。

法國「尋找藏寶國際俱樂部」掌握另一份與拉比斯藏寶有關的材料，包括一份遺囑、三封信件及兩份說明書，它是掌握拉比斯寶藏祕密的法國海盜貝·德萊斯坦的東西。探寶專家們認為，在德萊斯坦熟知的財富中有一些便是拉比斯藏寶。

從1730年絞死拉比斯到現在，已過去近300年，探尋拉比斯密碼和藏寶的活動始終不斷，但是寶藏仍然是未解之謎。

路易十六的珍寶

人為財死，鳥為食亡。路易十六搜刮的大量錢財還沒來得及享用，就歸天了。

1774年路易十六登上法國國王寶座時，法國封建制度危機四伏，但是他仍然四處搜刮金銀財寶，過著十分豪華的生活，最終被處死在巴黎革命廣場。路易十六是死了，但是他搜刮的財寶都到哪裡去了呢？

據說，他的行宮羅浮宮曾埋藏著一筆價值超過20億法郎的財寶，包括金幣、銀幣和一些價值連城的文物。不過，流傳最廣的還是路易十六隱藏在「泰萊馬克」號船上的金銀財寶。「泰萊馬克」號是一艘噸位達130噸，長26米的雙桅橫帆船。這艘船偽裝成商用船，由阿德里安·凱曼船長駕駛。1790年1月3日，滿載財寶的「泰萊馬克」號在經塞納河從法國里昂去英國倫敦途中，在法國瓦爾市的基爾伯夫河下游被潮水沖斷纜繩出事沉沒。

— 指引黃泉路的神奇寶藏 —

「泰萊馬克」號由一艘雙桅縱帆船護航，在港口受到革命者檢查時，曾交出一套皇家銀器。船上隱藏著路易十六的一批金銀財寶和瑪麗・安托瓦內特王后的鑽石項鍊。據推斷，這艘船上的財寶包括以下東西：

　　屬於國王路易十六的250萬法國古斤黃金（法國1古斤在巴黎為400克，各省為380克到550克不等。按這一標準計算，250萬法國古斤約合95萬～137萬公斤）；王后瑪麗的一副鑽石項鍊，價值為150萬法國古斤黃金；金銀製品有銀器以及朱米埃熱修道院和聖馬丁・德・博斯維爾修道院的聖器；50萬金路易法郎；五名修道院院長和流亡大貴族的私財。

　　路易十六的心腹和朱米埃熱修道院一名修道士已經證實這些財寶的確存在。一些歷史文獻和路易十六家僕的一位後裔也認為，路易十六當年的確把這筆財寶藏在船上企圖轉移出國。據說，「泰萊馬克」號沉沒在基爾伯夫河下游瓦爾市燈塔前幾米深的河底淤泥裡。1830年和1850年，人們都爭先恐後地企圖打撈這艘沉舟。但是，在打撈作業中，纜繩都斷了，結果沉舟重新沉沒到水底。1939年，一些尋寶者聲稱他們已找到了「泰萊馬

克」號沉舟的殘骸，但沒有確切證據表明，他們找到的就是「泰萊馬克」號。要找到路易十六的寶藏絕不是一件輕而易舉之事。

　　「普天之下，莫非王土。」天下的一切都是帝王的。路易十六卻在毫不吝嗇地糟蹋自家的東西，這不是引火自焚嗎？

海洋裡的金山「阿波丸」

海底寶藏，你不去取，別人就會去取。

　　「阿波丸」號是一艘建造於20世紀40年代的日本遠洋油輪，1945年3月28日，已被日本軍隊徵用的「阿波丸」號在新加坡裝載了從東南亞一帶撤退的大批日本人駛向日本。4月1日午夜時分，該船行至中國福建省牛山島以東海域，被正在該海域巡航的美軍潛水艦「皇后魚號」發現，遭到數枚魚雷襲擊，3分鐘後迅速沉沒。除1人外，2009名乘客、船員全部遇難。這本已讓人感到震驚，而最讓人關注的是，這艘沉船上不可估量的黃金珍寶和一件神祕的寶貝，簡直就是一座金山。

　　據美國《共和黨報》1976年11～12月號特刊報導，「阿波丸」上裝載有：黃金40噸，白金12噸，工業金剛石15萬克拉，大捆紙幣價值不明，人工製品、工藝品、寶石40箱，價值不明。

據那托思（美國原海洋實驗室觀察員、國家潛水領導成員）在打撈計畫中列明，最低可打撈貨物價值為2.49億美元，所有財富價值高達50億美元。

而據臺灣《中國時報》1976年11月21日報導：「阿波丸」被擊沉時載有金錠40噸，白金12噸，未加工的寶石15萬克拉，美、英、中國香港貨幣數捆，工藝品40箱，錫3000噸，鎢2000噸，鋁2000噸，鈦800噸，橡膠2000噸。

1979年5月2日，日本《讀賣新聞》報導，當年的陸軍伍長（即下士）森川家光說，「阿波丸」所裝26輛卡車都是金條。日本海灣代表團向中國提供的數字：錫3000噸，生橡膠3000噸，加上銻、鎢、水銀，總計9812噸。黃金珍寶已經如此之多了，另外一件可以說是無價之寶的寶貝更是吸引人的目光。

1972年美國總統尼克森訪華時，曾將美方所掌握的「北京人」頭蓋骨化石下落作為一件禮物送給中國政府。尼克森提供的線索是：「北京人」頭蓋骨化石有可能在沉船「阿波丸」上。

據有關人士調查，1941年，日本侵略者鐵蹄肆虐，

— 指引黃泉路的神奇寶藏 —

研究「北京人」化石的學者魏敦瑞希望將地質調查所的所有人骨化石一起帶走，存放到紐約自然歷史博物館內。重慶的美國駐華大使同意並授權駐北平美國公使館接受這批珍貴的古人類化石，將其安全運往美國保存。1941年12月5日，一列美國海軍陸戰隊專列由北平開往秦皇島，兩箱化石被放到美軍專用的標準化綠色皮箱中，和軍人行李一起放入行李車中托運。三天後，太平洋戰爭爆發。日軍迅速佔領美國在華的所有機構；同時，那兩只裝有「北京人」頭蓋骨的綠色行李箱不見了蹤影。

從此，「北京人」頭蓋骨的失蹤成為人類科學史上一大懸案。而半個世紀以來，日本官方始終不承認獲得和收藏「北京人」。

針對「阿波丸」上載有「北京人」頭蓋骨之說。有人提出疑問：日本人為什麼要用幾年時間，花費周折將化石從中國北方運到東南亞呢？

跟蹤研究「阿波丸」的記者李樹喜找到了證據：在「阿波丸」初步打撈中，發現了偽「滿洲國」政要鄭禹的家藏玉製小官印及鄭孝胥安葬時分贈後人的圓硯，硯上有「鄭公孝胥安葬紀念」字樣。而歷史記載「阿波

九」乘員全部是日本人。這說明日本人將在中國北方搜羅的文物寶器運上了「阿波丸」，這是「阿波丸」可能裝載「北京人」頭蓋骨的有力旁證。

部分傳言被中國打撈者證實。1977年1月13日，國務院和中央軍委決定，由福州軍區統一指揮，交通部和海軍一起組織力量，對「阿波丸」沉船進行打撈，工程代號「7713」。

5月1日，發現「阿波丸」，沉船已斷成兩段，前段長44.7米，後段長107.8米，埋入海底泥中9至11米，該處水深在60～69米不等。隨後打撈以「清除牛山漁場水下障礙物，保障海上漁業捕撈作業生產安全」的名義正式開工。1980年，海軍「J503」號艦的指戰員完成了拆解沉船首段的任務，穿引了船底4道共14根千斤鋼纜，上海救撈局的「大力號」海上自航浮吊船將首段一舉吊浮，並拖抵平潭島娘宮錨地擱上淺灘。此次打撈共撈獲錫錠2472噸，售價5000餘萬美元，還有橡膠等貨物數千噸。

然而，人們沒有找到黃金，也沒有發現「北京人」化石的蹤影。有人產生疑問：也許種種傳言只是日本為了打撈2008具骸骨而故布迷陣？

裝滿25車的珍寶

整整二十五車的珍寶，沉在湖中，竟然了無蹤跡。這批珍寶哪裡去了呢？

18世紀末19世紀初，拿破崙在歐洲戰場上縱橫馳騁，所向披靡，多次打敗反法同盟。然而，連續的勝利讓拿破崙高估了自己的實力，在1811年作出了一個決定征服俄國，把俄國版圖納入自己的帝國之中。1812年春，拿破崙讓士兵只帶了四天的麵包，隨軍的供給也只備有二十天，他想在最短的時間內拿下俄國。然而，拿破崙錯了。

由於俄國特殊的天氣因素，1812年，拿破崙從俄國戰敗，在撤退的途中，法軍龐大的輜重隊中有二十五輛裝滿了在莫斯科掠奪的戰利品的馬車突然失蹤了。拿破崙得知這一消息氣急敗壞，連忙命令手下部將火速趕到出事地點，但一切都無濟於事。當法軍終於走出噩夢般

的俄羅斯，拿破崙馳騁歐洲的45萬大軍此時只剩27000人。那麼，拿破崙大軍的輜重隊中那二十五輛車裡到底裝了什麼呢？後來又被隱藏在何處呢？

參加過當時的戰鬥的庫圖佐夫元帥德副官達尼列夫斯基說：「這批戰利品約重10～15噸，包括大炮、餐具、毛皮、金銀幣以及伊凡大公的十字架。」

學者尤・勃可莫羅夫認為，拿破崙繼續痛苦的退卻，因感到目前處境的危險。他深知在莫斯科所掠奪的古代的武器、伊凡大帝紀念塔上的大十字架、克里姆林宮中的珍貴物品、教堂的裝飾品以及繪畫和雕像等已無法帶走，但又不甘心讓俄軍奪去，所以就命令將這些東西沉入薩姆廖玻的湖裡。

拿破崙在敗退時，曾和兩名親信乘著雪橇往西疾馳，其中一人名叫阿倫・德・哥朗格爾。此人在他的回憶錄中寫道：「11月1日，拿破崙從比亞吉瑪退走。11月2日，我們來到了薩姆廖玻。第三天，到達斯拉普柯布。在這裡，我們遇到大雪的侵襲……」哥朗格爾寫道，拿破崙曾命令把戰利品沉入薩姆廖玻的湖裡。

從此人的回憶錄中可以看出，兩者提供的日期和地

點是完全相符的。後來，尤‧勃可莫羅夫還參閱了一些俄國人、英國人和法國人所記述的有關這方面的資料。那些資料一致認為拿破崙是1812年11月2日把從莫斯科掠奪的戰利品扔進了薩姆廖玻的湖中。

假如拿破崙真的把這二十五輛車的寶藏沉入湖中，那些參與此事件的法國士兵為什麼後來不到此地尋找呢？二十五輛車的寶藏絕不是一個小數目，俄國人後來難道真的一點都不知道嗎？

有人分析認為，將戰利品沉入湖中的決定是在前無退路後有追兵的特殊情況下拿破崙突然做出的。參與此事的都是職業軍人，而不是什麼冒險家和探險家，對這些法國士兵來說，他們再也不願意去這個噩夢般的地獄。

尤‧勃可莫羅夫深信，如果戰利品確實沉入了湖裡，那它現在應該在那裡「沉睡」。尤‧勃可莫羅夫在列寧圖書館花了大量時間進行查閱，幾乎翻遍了所有的地圖。但令人感到失望的是，在比亞吉瑪、薩姆廖玻一帶並沒有什麼湖。後來，他給蘇聯科學院地理研究所去了信，對方答覆說：「在比亞吉瑪西南二十九公里的沼

澤地有條叫薩姆廖夫卡的河。那塊沼澤地也是以這個名字命名的。」

離開比亞吉瑪二十九公里的沼澤地，拿破崙11月1日在比亞吉瑪，第二天到薩姆廖玻……這樣看來，隨著歲月的推移，這個湖有可能是變成沼澤地了。那一百多年來，是否有人對這塊地方進行過探索呢？

斯摩棱斯克地方政府內政管理局記錄保存室提供的資料記載：1835年，根據斯摩棱斯克地區長官的命令，由夏瓦列巴奇中校率領工兵部隊曾對這個湖進行勘查。他們先測量了湖水的深度，在離水面五米深的地方，有堆像岩石般的堆積物，鉛錐碰上去，似乎聽到一種金屬的聲音。地區長官向國務大臣報告，國務大臣又呈報給沙皇。尼古拉一世撥款四千盧布，用來建立圍堰，以便把水抽乾。後來，圍堰完成了，水也抽乾了，但呈現在眼前的僅是一堆岩石。搜尋到此就中止了。

拿破崙臨終前說道：「除了我的名字，我什麼也沒有留下。」他隱藏的這批無價之寶給後人們留下了一個似乎永遠無法破解的謎。

「殺人湖」的殺手

究竟是湖殺人，黃金殺人，還是人殺人呢？

　　1945年4月，也就是第二次世界大戰結束前的最後幾天，居住在托普里茲深水湖附近的居民們驚訝地發現，全副武裝的納粹德國黨衛軍封鎖了托普里茲深水湖附近所有的交通要道，然後把一箱又一箱的神祕東西沉入湖中。知情者說，那些成箱的東西是納粹德國從歐洲各國掠奪來的黃金珠寶、文物寶藏和絕密檔案。

　　1945年5月初的一天，一個常在湖上打魚的漁夫忽然發現湖中漂浮著一張印著莫名其妙符號的紙片。撈上來後他揣摸著，莫非這是一張哪國的鈔票？第二天，漁夫拿著那張弄乾展平的紙片來到巴特奧塞的一家銀行，銀行付給他一筆數目可觀的奧地利先令。一夜暴富的漁夫更加仔細地尋查了那個地方，他又發現了同樣的紙片。於是，他接二連三地來到那家銀行，終於有一天在

銀行付款的窗口旁被兩個美國軍官攔住了……

不久，黨衛軍曾把托普里茲湖當做保存財寶的「保險櫃」的消息不脛而走。緊接著傳聞四起，說托普里茲湖裡埋藏著黨衛軍攫取的黃金，即德意志帝國的黃金儲備。

傳聞過了很久後被證實了。大約40年後，奧地利《巴斯塔》報的記者找到了一位事件的見證人——前希特勒德國反坦克部隊軍官奧地利人M·格魯伯。1944年秋天，格魯伯被派往距薩爾茨堡不遠的富士爾城堡，無意中成爲一次祕密會議的見證人。參加會議的都是第三帝國的高層官員，其中包括戈培爾和里賓特洛甫（時任外交部長）。會議之後，一些貨運汽車開始駛往富士爾城堡，車裡裝著金錠、金幣、珠寶和英鎊假鈔。隨後，車隊轉向托普里茲湖地區。

此時，美軍先遣部隊已經進入奧地利。公路上到處都是撤退的德軍士兵和輜重車隊，一隊接著一隊。混亂中，兩輛汽車被困在薩爾茨堡和林茨之間，動彈不得。負責押運的德軍上尉見車輛實在無法擺脫堵塞，便命令把其中一輛車的所有箱子扔到河裡去。兩個星期後，在

— 指引黃泉路的神奇寶藏 —

水流的作用下，那些箱子竟打開了。當地居民驚訝地看到河上漂浮著成千上萬張英鎊紙鈔。

幾乎在同一時間，發現一輛裝有英鎊的卡車的電報從巴特奧塞傳到了英美先遣軍司令部裡。經驗豐富的假幣鑒定專家、美軍少校喬治‧麥克內利立即趕往現場，發現卡車上裝載著23個箱子，箱內共有2000萬英鎊。

美國人馬上跟蹤追查發現，已找到的這兩輛汽車只是在托普里茲湖附近消失的整個車隊的一部分。周邊的居民們證實了這一情況。據目擊者稱，德國人把一些用白金屬製成的大箱子投入托普里茲湖中，每個箱子上赫然寫著「帝國專運」。

然而，在這半個世紀裡，人們在托普里茲湖裡只是發現了50箱黃金、1本珍貴的集郵冊、50公斤金首飾、5枚珍貴的鑽戒、22箱珠寶、20箱金幣和3箱沙皇時代的金條。但是因為一些所謂的真實的故事，加上神祕的歷史傳說，世界各地的尋寶探險家們才不惜冒著生命危險一次又一次地潛入托普里茲深水湖中，許多人甚至因此丟了性命。

1946年2月，兩位奧地利工程師赫爾穆特‧梅爾和

九死一生的恐怖謎團
北緯30度的恐怖死亡

路德維格・皮克雷爾來到托普里茲湖。同行的還有一個叫漢斯・哈斯林格的人。在後來奧地利憲兵隊的調查資料中，他們均被列為「旅遊者」。

三個奧地利人在湖邊架起了帳篷。作為有經驗的登山家，他們決定登上可以俯瞰整個托普里茲湖的勞克馮格山。哈斯林格或許感到了某種不妙，或許本來就知道此舉的危險性，與另兩位同行了一晝夜後半路返回了出發地。一個月後，那兩個登山家已是杳無音訊。營救小組尋找他們時，在山頂發現了一座用雪堆成的小屋，旁邊有兩具屍體，皮克雷爾的肚子被剖開，胃被塞到了背包裡。案情始終是個謎。後來查明，原來，二戰期間這兩人參與過托普里茲湖邊一個「試驗站」的工作，德國海軍在「試驗站」進行過新式武器的研製。顯然，兩個知情者被滅口了。

1950年8月，漢堡工程師凱勒博士和職業攀岩運動員葛蘭斯來到這裡。他們試圖爬上雷赫施泰因山南坡的一處峭壁，因為從那裡觀看托普里茲湖可謂一覽無餘。結果，葛蘭斯失蹤了。他身上的安全繩「意外」地斷了，凱勒博士做了見證。而不久凱勒博士也突然失蹤

了。葛籣斯的親屬進行了私人調查，他們注意到，失蹤的凱勒博士戰時曾在黨衛軍服役，擔任潛艇祕密基地的負責人。

2003年6月的某一天，一名自稱在南美某地看到過托普里茲深水湖納粹藏寶圖的神祕人物給美國的一家專業尋寶探險公司——「海洋工程技術公司」發了一份傳真。此人聲稱：納粹分子在戰敗前先後在奧地利四個湖中隱藏了大量的黃金寶貝。那些納粹軍人在湖邊的岩石上炸開石洞，把無價之寶隱藏在洞中，然後原樣封上，或者把財物裝進特製的箱子，然後沉入百米深的湖底。至於他見到的藏寶圖，現在都已經不見了。

奧地利多數專家對這份神祕的傳真都嗤之以鼻，就連美國「海洋工程技術公司」的發言人朱塔爾‧費爾曼也給狂熱者潑冷水說：「我們絕沒把那份傳真當回事。」

然而，奧地利和美國的媒體卻掀起了一陣尋寶狂潮。奧地利的小報7月5日紛紛打出醒目標題稱：「不管怎樣，肯定有納粹神祕的黃金之說！」

儘管托普里茲深水湖距離奧地利重鎮薩爾茨堡只有

120多公里，但直到今天仍只能靠步行穿越一條崎嶇的山路才能抵達湖邊。而且托普里茲湖一年中有6個月處於冰凍狀態，適合探寶的時間非常寶貴。其次是托普里茲湖寬為250米，長1.8公里，水深達103米，三面懸崖絕壁，另一面等於沒有湖岸，直接就是上百米深的湖水，所以尋寶探祕活動只能在船上進行。另外，托普里茲深水湖面20米以下沒有氧氣，這意味著托普里茲湖在這個深度以下沒有任何的生命，同時還意味著沉入湖裡的一切都能完好無損地保留著原樣，其中包括許多倒進湖裡的大樹。要想揭開托普里茲深水湖的歷史祕密絕非易事。

「所羅門寶藏」何在

寶藏不僅僅是寶藏，而是一種象徵，一種誘惑的原動力。

　　所羅門統治時期，是以色列——猶太王國手工業、商業，特別是對外貿易的全盛時期，被古代一些史籍描寫成猶太人歷史上的「黃金時代」。

　　按《聖經》所說，所羅門從以色列人中挑選3萬民工在耶路撒冷錫安山上建築豪華的宮殿和神廟。整個工程費時7年。這個神殿坐西朝東，長200米，寬100多米，建築結構嚴謹，造型美觀，內部裝飾極為華麗。

　　這個神殿成為古猶太人宗教和政治活動的中心，教徒們都去那裡朝拜和獻祭敬神。「亞伯拉罕聖岩」圍在神殿中央，是一塊花崗岩，它由大理石圓柱支撐著，下面的「岩堂」高達30米。「岩堂」裡設有祭壇，壇上存放著刻有「摩西十誡」石塊的聖箱。在聖箱內，除了

存放著這些戒條外，還收藏著「西奈法典」。聖箱是用黃金製作的，稱爲「耶和華約櫃」，也叫做「黃金約櫃」，它被古代猶太人視爲關係著猶太民族興衰存亡的鎮國寶物。所羅門在「亞伯拉罕聖岩」修建有地下室和祕密隧道。據說，所羅門把大量的金銀珠寶存放在祕密隧道和地下室裡，這就是歷史上舉世聞名的「所羅門寶藏」。

所羅門死後，到西元前586年，新巴比倫王國攻陷耶路撒冷城，滅亡猶太王國。猶太的幾乎所有富裕階層許多手工業者，甚至包括一部分貧困居民，均被擄到巴比倫，成爲「巴比倫之囚」。巴比倫軍隊在耶路撒冷城內大肆燒殺搶掠，神殿也被付之一炬，變成廢墟。巴比倫軍隊沒有發現「所羅門寶藏」和「黃金約櫃」，它們哪裡去了呢？

據一些人估計，有兩種可能：一是在巴比倫軍隊未入耶路撒冷城之前，祭司們早已把「所羅門寶藏」和「黃金約櫃」搬運到別的地方，隱藏起來了。二是可能仍然存放在神殿聖岩的地下室和祕密隧道裡，但由於地下室和祕密隧道曲折幽深，結構複雜，像迷宮一樣，因

此巴比倫軍隊根本無法進入地下室和祕密隧道。從此以後，關於「所羅門寶藏」和「黃金約櫃」究竟藏在何處的問題，眾說紛紜，誰也不清楚它們的真相。

西元前538年，波斯國王居魯士攻佔巴比倫城後，釋放了被囚禁在巴比倫的猶太人，約四萬多名猶太人趁機回到耶路撒冷，重建了耶路撒冷神廟。從西元前4世紀起，馬其頓、托勒密、塞琉古諸王國相繼侵佔耶路撒冷，他們都曾想方設法尋找「所羅門寶藏」和「黃金約櫃」，可是，都沒有結果。

西元前63年，羅馬軍隊攻佔耶路撒冷後，巴勒斯坦屬於羅馬帝國的一個行省。西元1～2世紀羅馬帝國統治時期也曾經千方百計地去尋找「所羅門寶藏」和「黃金約櫃」，也同樣不知其蹤影。

羅馬皇帝君士坦丁時期，猶太教、基督教和伊斯蘭教都奉耶路撒冷為「聖地」，三個教的教徒們都把尋找「所羅門寶藏」和「黃金約櫃」視為自己的神聖歷史使命之一。西元11～13世紀，十字軍東征時，許多人湧進耶路撒冷，四處尋找，可是沒有人能找到「所羅門寶藏」和「黃金約櫃」。

兩千多年來，尋找「所羅門寶藏」和「黃金約櫃」的活動一直未曾停止過。20世紀初，先有英國的幾個冒險家潛入耶路撒冷城內，事先用金錢賄路守夜人，在夜深人靜時悄悄進入神殿。他們撬開聖岩邊的石板，挖掘泥土，把挖出的泥土運到牆外。直到快天亮時，他們把原來撬開的石塊照原樣蓋好，不留痕跡，天亮前便悄悄地溜走。這樣，一直祕密地連挖了七個晚上，洞越挖越深，卻毫無發現。到了第八天清早天快亮時，他們的祕密活動被伊斯蘭教一個阿訇發覺了，那幾個冒險家被嚇得慌忙逃跑。事後，教徒們知道了守夜人接受英國冒險家賄路的真相，於是極端氣憤地用石頭把守夜人砸死了。從此以後，教徒們夜晚加強了對神殿的守衛。

　　一些學者認爲，所羅門擔任國王時，經常派船出海，每一次歸來總是金銀滿艙，所以人們紛紛猜測，在茫茫大海中必有一處「寶島」，那些黃金就是從那裡運來的，但這始終是個謎。到西元1568年西班牙航海家門德納率領一支考察隊第一次踏上這個海島時，見土著居民都戴著黃金飾物以爲找到了黃金寶庫。於是，把這裡命名爲「所羅門群島」。此後，歐洲很多人跑到這裡來

找「所羅門寶藏」。由於位於西南太平洋中，由6個大島和900多個小島組成，散佈在60萬平方公里的海島上，島上全境90%的面積覆蓋在森林叢莽之中，因此尋寶活動很難展開。幾百年來，千千萬萬的尋寶者在該島上一無所獲。有些人認為，所羅門群島上並沒有「所羅門寶藏」。

所羅門寶藏的祕密難道將成為永遠的祕密？沒有人知道答案。

日本金庫赤城山

據估計赤城山黃金藏量高達400萬兩，折合日元將近100億。

　　赤城山位於日本關東北部，既不高大也不雄偉。然而，在1866年，正值日本幕府統治行將覆滅之際。1月14日，赤城山附近突然出現了30名武士，監督著七八十個雇工運來了22個沉重的油桶和20捆重物。這件祕密工作進行了將近一年，完事後大部分人即被滅口。正是這一祕密工作，讓赤城山蒙上一層神祕色彩，而聞名天下。這是一件什麼祕密工作呢？22個沉重的油桶和20捆重物到底是些什麼東西呢？

　　19世紀萬延元年，日本政府由幕府控制，世界銀行金銀兌換率為1：15，而日本僅僅為1：3，國有的黃金便大量外流。因為赤城山是德川幕府為數較少的直轄領地之一，屬於德川幕府的「根據地」，易於保守機密，且

— 指引黃泉路的神奇寶藏 —

處於根川和片品川兩河之間，四周是延綿起伏的高山，乃是一個易守難攻之地，所以作爲德川幕府垮臺之時全線崩潰的最後憑藉之地赤城山被選爲黃金儲庫。幕府最高執政官井伊直弼便以儲備軍費的名義，親自控制赤城山整個儲金計畫。

正當井伊直弼祕密藏金之際，改革派武士便將其刺死在江戶的櫻田門外。他死後，屬下小粟上野介和林大學頭繼續執行埋金計畫。直到19世紀60年代末，倒幕派取得勝利，屬於幕府的江戶時代宣告結束。赤城山的藏金祕密便成爲一個世紀之謎。

據埋金計畫執行人之一玉總兵衛在其所著《上野國埋藏理由略述書》記載，這批鮮爲人知的作爲軍費而埋藏的黃金中，僅從江戶就運出了360萬兩黃金。小粟上野介和僕人中島藏人，在遺言中又說道還曾從御金藏中運出了24萬兩黃金，加上其他的金製品，總共藏儲量達400萬兩之巨。

100多年來，有不少尋寶者紛紛到赤城山考察。明治三十七年，即1905年，島迫老夫婦有幸在此揀了幾個裝有黃金的木樽；昭和三十七年又有57枚日本古時純金

薄片在一次修路過程中被發現。

在這些尋寶者中，收穫最大的要算水野一家祖宗三代。第一代水野智義是中島藏人的義子，中島藏人臨終前曾告訴他，赤城山藏有德川幕府的黃金，藏寶點和古水井有關。於是，水野智義變賣家產籌款16萬日元，開始調查藏寶內幕。後來，水野智義在1890年5月從一口水井北面30米的地下挖出了德川家康德純金像，推測金像是作爲400萬兩黃金的守護神下葬的。不久，又在一座寺廟的地基下挖出了水野智義認爲是藏寶地指示圖的三枚銅板，但它所含之謎卻無人讀懂。昭和八年四月，水野智義發現了一隻巨形人造龜。這就是第一代水野爲之奮鬥一生的收穫。

第二代水野愛三郎，在人造龜的頭下發現一空洞，洞內有五色岩層，不知是自然形成還是人爲造成。第三代水野智子進一步在全國瞭解有關赤城山黃金的傳說，他與合作人利用所謂特異功能來尋寶。但收穫甚微。水野家三代在赤城山發掘的坑道總長22公里，但仍沒有尋到藏金點。

有人用最新的金屬探測器在水野家挖的坑道內發現

有金屬反應。但由於其地質鬆軟，要挖掘就需要強有力的支撐物，只能暫時作罷。

　　德川幕府時期江戶南北兩處奉行所都存有1萬兩黃金，更不用說幕府了；幕府與薩長聯軍對抗時有1.5萬軍隊，若無雄厚的財力哪能維持龐大的軍費開支？但是這些資產到哪裡去了呢？

九死一生的恐怖謎團
北緯30度的恐怖死亡

「黃金船隊」的海底沉寶

沉船海底的黃金船隊，像一塊巨大的磁鐵吸引著夢想發
財的人。

　　近3個世紀以來，在大西洋海底，冒險家們的身影
接連不斷，他們好像在打撈什麼東西，有的人撈起許多
珍貴的綠寶石、紫水晶等珠寶翡翠；有的人則是一無所
獲，乘興而來，敗興而歸。在這片海底究竟藏著什麼祕
密呢？

　　1702年的一天，一支龐大的船隊悄悄離開了哈瓦那
港，向西班牙領海火速前進。這支由17艘大帆船組成的
船隊，滿載的都是從南美洲掠奪來的金銀珠寶。

　　當時，作為近代史上第一個龐大帝國的西班牙，
已是國力直趨衰退，代之而崛起的是荷蘭、英國和法
國。1700年，哈布斯堡家族的最後一位君主卡洛斯二世
在精神失常中死去，他沒有給王室留下繼承人。為了爭

奪西班牙王位，歐洲各國皇族競相爭鬥。經過一番激烈的王位爭奪戰後，法國國王路易十四的孫子費利佩五世登上西班牙王位，揭開了波旁家族在西班牙的歷史。但是，歐洲並未就此平靜下來。以費利佩五世為一方，奧地利萊奧波爾多皇帝之子卡洛斯大公為另一方，展開了一場國際性的王位繼承戰。法國支持西班牙的費利佩五世，英國與荷蘭則支持卡洛斯。一時間雙方劍拔弩張，從1702年到1713年，雙方在西班牙，在義大利，在佛蘭德，甚至跨越大洋，在新征服的美洲，都展開了戰鬥。正是在這樣的形勢下，費利佩五世急命西班牙在南美的殖民機構火速將掠奪的財寶運回西班牙，以解決其困窘的財政問題和軍費開支。

這支「黃金船隊」一路小心翼翼，歷盡艱辛，終於在6月駛到了亞速爾群島海域，這裡離西班牙領海已不遠。正當船員們計算著航程，心中暗暗欣喜的時候，突然間一支由150艘戰艦組成的英荷聯合艦隊出現在了海面上。喜悅的心情被恐懼和驚慌所代替，船員們頓時亂作一團。面對著如此強大的一支艦隊，抵抗是毫無意義的。「黃金船隊」總司令貝拉斯科當即下令全速將船開

入大西洋沿岸的維哥灣，一面死守住港口，一面想辦法將珍寶從陸地運往首都馬德里。然而，當時的西班牙卻有一個奇怪的規定：凡是從南美運來的東西必須首先到塞維利亞市驗收。萬般無奈，最後只好先把給國王和皇后的財寶從船上卸下來，改由陸路運往馬德里（這部分財寶中途爲強盜所劫，至今也仍無下落）。

　　將維哥灣團團包圍的英荷聯軍已獲悉了這支船隊就是西班牙運寶的黃金船隊。在金銀珠寶的誘惑下，士兵們內心激奮，個個奮勇爭先。英荷聯軍由魯克海軍上將指揮，30000多門重炮輪番轟擊，摧毀了維哥灣的西班牙炮臺和障礙欄等防守工事，迅速強佔著港灣。「黃金船隊」總司令貝拉斯看著身邊一名名倒下的士兵和呼嘯而來的炮彈，終於徹底絕望了，他不得不下令將運載珍寶的船隻全部燒毀，以免這批財寶落入敵人之手。火點起來了，西班牙士兵們默默注視著這些自己歷經艱辛從南美運回來的奇珍異寶，在火海中慢慢消失，沉入深不可測的海水之中。

　　這一戰下來，除僅存的幾艘船爲英荷聯軍及時俘獲外，絕大多數都葬身於海底了。從被俘虜的西班牙海軍

— 指引黃泉路的神奇寶藏 —

上將恰孔的口中，人們大概知道了這批財寶的總數量。據恰孔估計，此次至少有4000～5000輛馬車的金銀珍寶沉入了海底。英國人當時也曾多次冒險潛入水下，希望能打撈起這些財寶，但由於潛水技術及打撈方式的落後，他們僅僅能撈上極少的一些戰利品。

隨著歲月推移，風浪海潮已使寶藏蒙上厚厚泥沙，眾多傳聞又使寶藏增添了幾分神祕，這些都無疑給尋寶帶來了太多的麻煩。

變幻莫測的海底世界裡，到底何處是這些財寶的藏身之地呢？何時這些財寶才能重見陽光，展示於世人面前呢？

「沙漠之狐」的藏寶之地

狐狸自古就是狡猾的代名詞，況且是沙漠之狐，其兇殘與狡猾更是可想而知。

德國陸軍元帥隆美爾是二戰中德國最著名的將領，稍對世界軍事史有瞭解的人都會知道他那個著名的綽號——「沙漠之狐」，生性兇殘、狡猾。

這隻「沙漠之狐」在北非的土地上瘋狂地屠殺土著居民，掠奪他們的財富，在很短的時間裡積聚起一批價值極為可觀的珍寶。這批珍寶包括滿裝黃燦燦金幣和各種珍奇古玩的90多只木箱及一只裝滿金剛鑽、紅寶石、綠寶石和藍室石的鋼箱。這批珍寶價值多少？誰也估算不出來。連隆美爾自己本人也不清楚這批珍寶的價值究竟是多少。

隨著戰局的進展，隆美爾所向無敵的非洲軍團全線崩潰。為了不讓這批珍寶落入英美聯軍之手，隆美爾祕

— 指引黃泉路的神奇寶藏 —

密調動了一支親信部隊將這批珍寶藏在世界上某一個不爲人知的角落裡。

奉命藏寶的部隊是出乎意料還是出於陰謀，在完成任務後全部戰死，無一生還。1944年，法西斯德國日暮途窮，德軍一些高級軍官謀刺希特勒，事涉隆美爾。10月14日，希特勒派人至隆美爾住所，要隆美爾考慮決定接受審判還是服毒自殺，隆美爾選擇了後者。隆美爾一死，唯一知道這批珍寶埋藏地點的線索便中斷了。

對於隆美爾這批珍寶，西方的一些冒險家們垂涎三尺，希望有朝一日發掘這批珍寶。他們不惜重金，派專家們南來北往，查閱有關密檔案，又千方百計地尋找所有可能知情的人。然而，傳說種種，卻無一確鑿。

有人認爲，在隆美爾的非洲軍團崩潰前夕，隆美爾曾調集了一支高速摩托快艇部隊，命令將90餘箱珍寶分裝於艇中，由突尼斯橫渡地中海運抵義大利南部某地密藏。某日晚上，快艇部隊在夜幕的掩護下祕密出航，按預定計劃行動。不料，在天將拂曉時，快艇部隊被英國空軍發現。原來英軍情報部門早就密切注視著這批珍寶的去向。英軍情報部門除派出大批地面特工人員外，又

動用飛機與艦艇，在空中和海上晝夜偵察，隨時準備攔截。英軍發現鬼鬼祟祟的德軍摩托快艇後，料定珍寶即在其中，下令從空中和海上不惜一切代價截獲。當摩托快艇行至科西嘉附近海面時，德軍深知已無望沖出英軍密織的羅網。當此絕望之時，隆美爾竟下令炸沉所有快艇。這支滿載著珍寶的德軍摩托快艇部隊就這樣在科西嘉淺海區沉沒了。從那以後，不時有人用高價雇用潛水夫一次一次在科西嘉海底搜尋，可是一無所獲。

是科西嘉的海面過於遼闊，還是沉船的具體位置並不在科西嘉島？抑或是隆美爾並沒有炸沉快艇，甚至艇上並未載有珍寶？

1980年美國《星期六晚郵報》二月號刊載的一篇署名肯·克里皮恩的《「沙漠之狐」隆美爾的珍寶之謎》聲稱，這批珍寶密藏在撒哈拉大沙漠中的一座突尼斯沙漠小鎮附近。小鎮附近遍佈形狀相差無幾的巨大沙丘，這批珍寶即埋藏於某座神祕的沙丘之下。作者在突尼斯度假期間，對這一樁傳聞作了核實，並且採訪了一位據說當時曾目擊珍寶裝車的原德軍黨衛軍軍官海因里奇·蘇特。

— 指引黃泉路的神奇寶藏 —

1942年11月，美英聯軍在北非登陸。次年年初，兵分兩路從東西夾擊德意軍隊，前鋒逼近瀕臨地中海的突尼斯城。1943年3月8日清晨，居住在距突尼斯城不遠的哈馬邁特海濱別墅裡的隆美爾發覺英軍已控制了海、空權，他的珍寶已無法由海、空安全運出，決定就地藏寶。

　　3月8日深夜，在隆美爾與他的親信嚴密監視下，這批珍寶被分裝在15～20輛軍用卡車上，車隊在漢斯·奈德曼陸軍上校的押運下連夜向突尼斯城西南方向行駛，在撒哈拉大沙漠邊緣的一座小鎮——杜茲停下。汽車駛至杜茲後，前方即是大沙漠，無法行駛。漢斯·奈德曼購買了六七十匹駱駝，將珍寶分裝在駱駝上，於3月10日踏入撒哈拉大沙漠。

　　駝隊在沙漠中跋涉兩天，最後將珍寶按預定計劃埋入數以萬計的令人無法分辯的某座沙丘之下。負責押送，埋藏珍寶的德軍小分隊在返回杜茲途中，意外地遭到英軍伏擊，小分隊全部喪生。藏寶人連同寶藏的祕密一起被撒哈拉大沙漠無情的黃沙埋葬了。

　　撒哈拉大沙漠一望無垠，白天溫度常在華氏百度以

上，人們稱之爲無情的地獄。誰敢貿然叩開這無情的地獄之門？隆美爾的大批珍寶能有重見天日的一天嗎？

　　有人認爲，所謂的隆美爾寶藏只不過是一個傳奇故事，實際上並未有其事。之所以有此傳聞，只不過是「沙漠之狐」放出的煙幕彈，好讓人自相殘殺而已。然而，面對如此巨大的誘惑，誰能放棄呢？

韓國海底基地藏寶

韓國海底真的有日本侵略者埋藏的財寶嗎？至今尚沒有定論。

　　據披露，在第二次世界大戰期間，日本法西斯曾在侵略戰爭中從中國、朝鮮等國掠奪了大量的金銀珠寶等作為軍費，並在現在韓國的釜山市「赤崎灣」的海底建立了一個祕密的潛水艇基地，將所掠來的財寶都藏在了這個基地中。戰後，日本作為戰敗國，並沒有將這些寶藏取走，它們仍沉睡在海底。據說，這批財寶按幣值計算，相當於現在的韓國幣好幾兆。消息已經披露，立刻在韓國引起了廣泛的興趣，人們議論紛紛。

　　1982年1月，消息披露後不久，韓國的主要報紙用「釜山有日本祕密潛水基地」「去尋找通往一攫千金倉庫的通道」等大標題，對此大肆渲染。在報紙的鼓動下，民間掀起了一股尋找寶藏的熱潮。

寶藏的埋藏地點也是有跡可循，據說日本第122特攻部隊司令戰敗後曾遺留下來4張祕密基地的地圖，在這些地圖中提到，這裡匿藏著幾十噸金塊、150噸白銀，還有1600顆鑽石。

　　事情不是一帆風順的，由於通往寶藏基地的入口處在韓國部隊的軍營內，普通百姓是無法進入的，因此尋寶計畫就此擱淺。1982年7月，韓國軍方在社會輿論的強大壓力下，決定向社會發放發掘埋藏物許可證。得到這一消息，許多人都非常高興。當時公眾對發掘這批金銀財寶持樂觀態度，可是發掘了1年卻一無所獲。

　　在發掘許可證問題上，韓國陸軍本部與發掘業者也曾展開了激烈的爭論。一個中小企業主鄭燦泳聲稱，他在第一次發掘許可證有效期過後一個星期，在軍營某地下10米深處曾發現了這個祕密基地的入口處，但軍方以許可證過期為由不允許他再挖了。他只好於1990年3月10日又向「青瓦台」軍部提出申辦發掘許可證的申請，但是至今無人答覆。看來這些財寶即便是真的存在，也不知道要等待何時才能重見天日，更何況財寶的下落尚未確定呢！

— 指引黃泉路的神奇寶藏 —

「聖荷西」號沉船的珍寶

「聖荷西」號帆船在敵艦的炮火下沉入海底，一起沉沒的還有無數的珍寶。

1708年5月28日，天氣晴朗，風和日麗。在巴拿馬港口，一艘西班牙大帆船「聖荷西」號緩緩起航，向西班牙領海駛去。這艘船警備森嚴，船上滿載著金條、銀條、金幣、金鑄燈檯、祭壇用品的珠寶，這批寶藏據估計至少值10億美元。

當時，西班牙與英國、荷蘭等國正處於敵對狀態，互有戰爭發生。在附近海域，英國著名海軍將領韋格正率領著一支強大的艦隊四處巡邏，如果看到這艘巨大的西班牙帆船，他可能不下令攻擊嗎？

因此，雖然海面上風平浪靜，但危險時時伴隨著「聖荷西」號。然而「聖荷西」號船長費德茲全然不顧危險的存在，一來他出海日久，回國心切；二來他過於

170

迷信偶然性的幸運，竟天真的認為：大海這麼廣大，難道會這麼巧遇上敵艦嗎？

一連幾天，「聖荷西」號帆船都在平安地行駛，並沒有遇到敵艦。船長顯得輕鬆自在，洋洋自得。然而在6月8日，船上的人們驚恐地發現前面海域有一支一字排開的英國艦隊，船長頓時傻了眼。

沒有任何預告，英國艦隊猛然間發動了攻擊，霎時炮火密佈，水柱沖天，幾顆炮彈落在「聖荷西」號的甲板上。「聖荷西」號沒有還手之力，只能任由對方的炮彈肆虐。海水漸漸吞噬著這巨大的船體，「聖荷西」號連同600多名船員以及那無數珍寶一起沉往海底，再也沒有了蹤跡。

後來，經過無數尋寶者的測定，沉船地點終於有了一個大概的結果：它大約在距哥倫比亞海岸約16英里的加勒比海740英尺深的海底。

俗話說：「近水樓臺先得月。」1983年，哥倫比亞公共部長西格維亞正式的宣佈：「聖荷西」號是哥倫比亞國的國家財產，不屬於那些貪得無厭的尋寶者。

人們估計，哥倫比亞政府已經勘察出沉船的地點

了，並計畫在「適當的時候」進行打撈。儘管打撈費用高達3000萬美元，但船上的寶藏估計至少值10億美元。它與這批寶藏相比就算不了什麼。至於打撈的結果如何，仍是未知數。

九死一生的恐怖謎團
北緯30度的恐怖死亡

莫斯科地下藏書室

佈滿地下通道的莫斯科，據說有伊萬雷帝建造的地下圖
書館。

　　莫斯科坐落在蜿蜒曲折的莫斯科河拐彎處，下面的
暗河多達150條，河道用磚石壘起來變成涵洞。在這些靜
靜流淌暗河的旁邊，存在著很多不為人知的地下通道和
建築：伊萬雷大帝時期的酷刑室、監獄和祕密通道；18
世紀採礦業留下的廢棄採石場；20世紀70年代勃列日涅
夫修建的祕密地下城；戰爭時期留下的防空洞……

　　站在莫斯科繁華的街頭，也許你腳下就踩著黑漆漆
的祕密。儘管政府對這些祕密空間從不發表任何公示，
但它們在莫斯科幾乎盡人皆知。

　　在莫斯科市中心，矗立著莊嚴的克里姆林宮、洋蔥
頭狀的俄羅斯東正教堂以及寬闊的紅場，據說在克里姆
林宮的主體部分之外，伊萬雷大帝還修建了「地下藏書

館」，這個傳說中的藏書室至今仍被視爲城市考古工作者的「聖杯」。

據說，在1453年君士坦丁堡淪陷前，一批用希伯來文字、埃及文字、希臘文字和拉丁文字等手書的古代書籍被偷運出城，輾轉落到拜占庭帝國最後一個皇帝君世坦丁十一世的侄女——伊萬大帝的妻子索菲亞手裡。索菲亞將這些書祕密運回莫斯科，讓建築師亞里斯多德‧菲奧拉萬蒂爲這些書冊建立了一座密室，就是克里姆林宮的地下藏書室。

伊萬大帝之孫伊萬雷帝1533年繼承王位後，將藏書占爲己有。他非常自私，將這些藏書視若珍寶，雖然找人將書中文字譯成俄語，卻不允許譯者見到書的全貌，並且從不透露藏書的位置，只能自己獨自閱讀。

在伊萬雷帝統治後期，他發動了一場針對俄國貴族的恐怖鎮壓運動。在這段時間，爲了懲罰異己，伊萬雷帝命人在克里姆林宮修建了大量隧道，用作酷刑室、監獄和祕密通道。於是，人們認爲他的藏書館也在其中。但從彼得大帝到赫魯雪夫，許多人都曾仔細搜索過地下隧道，但卻一無所獲。20世紀60年代初，蘇聯領導人赫

魯雪夫組織了一個特別行動組，負責在克里姆林宮下搜索伊萬雷帝的藏書室。1964年隨著赫魯雪夫被解除職務，行動組也解散了。

20世紀90年代，莫斯科市長盧日科夫數次組織尋找藏書室的行動，並且使用了金屬探測器，卻仍然一無所獲。古老的藏書、地下的祕密仍然不知所蹤。

現在，莫斯科將尋找地下藏書室的活動與地下探險結合起來，成為一道獨特的旅遊資源。探險旅遊的策劃者、業餘歷史學家的蓋爾曼・斯泰爾里戈夫在地下曾發現一條滿是骸骨的隧道，他們都是被伊萬雷帝祕密員警殺害的俄羅斯貴族，然而除了骸骨，斯泰爾里戈夫仍沒有找到藏書室。

在1997年，87歲的歷史學家阿帕勞斯・伊萬諾夫曾宣佈他找到了地下藏書室的位置，但不久以後他就去世了，還沒有來得及對世界公佈藏書室的具體位置，所以地下藏書室的位置仍然是個謎。

可可島上的珍寶

有人確實在可可島上發現過寶物，但傳說中的可可島珍寶至今沒有出現。

　　蘇格蘭作家斯蒂文森的著名小說《金銀島》是以太平洋的可可島為背景寫的，該島位於距哥斯大黎加海岸480千米的海中，曾是17世紀海盜的休息站。海盜們將掠奪的財寶在此裝卸埋藏，為這個無名小島憑添了神祕色彩。據說島上至少埋有6處寶藏，其中，最吸引尋寶者的是祕魯利馬的寶藏。

　　自從1535年西班牙殖民首腦法蘭西斯科·皮薩羅佔領祕魯直到1821年祕魯獨立，利馬始終都是南美西班牙殖民地總督的駐地。當年，殖民軍到處大肆殺害印第安人，並從他們那裡搜刮了大批金銀飾物，聚斂到利馬，然後定期裝船運回西班牙。所以，利馬號稱富甲南美洲。

1820年，當被稱為「解放者」的祕魯民族英雄玻利瓦爾省所率領的革命軍即將進攻利馬時，利馬的西班牙總督倉皇出逃。他將多年搜刮的財寶，包括黃金燭臺、金盤、真人般大小的聖母黃金鑄像裝在一艘「親愛瑪麗」號的帆船上逃走。

　　不料，到了海上，船長湯普遜見財起意，殺死了西班牙總督。為了安全起見，船長將財寶藏進了可可島上的一個神祕的洞穴內。這主要是因為幾個世紀以來，可可島與世隔絕的地理位置有助於擺脫任何海上監控和追蹤，成為南美洲海盜們一個頗有吸引力的避風港。湯普遜將船上的主要財寶小心翼翼地埋藏在可可島之後，毀掉了「親愛瑪麗」號帆船，與船員們分乘小艇去了中美洲。他們謊稱在海上遇到了無法抗拒的狂風暴雨，船觸礁沉沒了。但是，儘管湯普遜大肆宣揚了很久，他的海盜行為還是被完全識破了。他的同夥們在酷刑下供出了實情，並受到了懲罰。而在以後的日子裡，湯普遜一直沒有找到適當機會重返可可島取走寶藏。

　　1844年，湯普遜病入膏肓，也許為了擺脫良心上的譴責，在臨死前他向自己的好友基廷透露了可可島上

的藏寶祕密，並且給了基廷一份平面圖和有關藏寶的位置的資料。基廷按照湯普遜所說的，先後3次登上可可島，帶回了價值5億多法郎的財寶。但是「親愛瑪麗」號船上的主要財寶卻始終沒能找到。後來，基廷又將可可島的祕密告訴了好友尼柯拉·菲茨傑拉德海軍下士。由於菲茨傑拉德太窮，就一直沒有雇船去可可島尋寶。菲茨傑拉德臨死前，將藏寶情況告訴了柯曾·豪上尉。不過，柯曾·豪上尉也是由於種種原因，沒有去成可可島。

就這樣，有關可可島上藏寶的資料年復一年地遺贈著、傳遞著，後來還被盜窺過、交換出售過。神祕的寶藏誘惑著眾多人前往可可島，試圖找到船長的藏寶。也許太神祕，也許太虛假，也許太隱蔽，這些傳說中的寶藏仍然不見天日，卻依舊使人著魔。

1927年法國托尼·曼格爾船長得到了藏寶資料。他帶著得到的這些資料，曾於1927年和1929年2次去可可島上尋找藏寶。托尼經過分析認為，湯普遜的那筆財寶就埋在希望海灣南邊和石磨島西北邊的海下。他在那裡還確實找到了一個在落潮時近一個小時裡可以進入的洞

穴。而在那個地方，水流特別急。他在洞裡尋寶的時候差點被淹死，拼命掙扎了半天總算回到了岸上。他以爲「這是對藏寶尋找者的詛咒」，從此再也不敢去那裡冒險了。

1931年，一個比利時人叫貝爾受，他根據托尼・曼格爾的資料，在希望海灣找到了0.6米高的金聖母塑像。這尊聖母金像被貝爾曼在紐約以11000美元的價錢賣掉了。

隨著時間的推移，有關可可島藏寶的資料越來越多，而且都自稱是可靠資料。美國洛杉磯一個有錢的園藝家詹姆斯・福布斯擁有一份藏寶圖。他曾經帶著現代化的先進器材5次去過可可島，最終一無所獲。

1978年，一件意想不到的事情使所有的尋寶者目瞪口呆：哥斯大黎加政府以保護生態環境爲理由，封閉了可可島，嚴禁任何人挖掘。然而這之中又隱藏了一個怎樣的新祕密呢？

當年利馬城裡的無價之寶究竟藏在哪裡呢？它們會永遠被埋葬嗎？也許它們仍然沉睡在可可島上某個神祕的角落。

琥珀屋的寶藏

琥珀屋被譽為「世界第八奇蹟」，然而它現在可能躺在海底的某個角落。

1709年，當時的普魯士國王為了效仿法國皇帝路易十四的奢華生活，命令普魯士最有名的建築師興建「琥珀屋」。琥珀屋約55平方米，全部用琥珀板鑲成，室內的裝飾板也全部用帶銀箔的琥珀板鑲成，堪稱曠世珍寶，世界一絕，被譽為「世界第八奇蹟」。不久，為了討好俄國，腓特烈一世將這稀世之寶作為禮物送給彼得大帝。彼得大帝病逝後，繼位的女皇又對琥珀屋加以擴整，使之更加精美、珍貴、華麗，成為皇宮裡的一顆燦爛明珠。據說，青睞權勢而又風流成性的女皇既要在這裡召集內閣會議又要接待情人。蘇聯時期，「琥珀屋」是彼得格勒人的驕傲，也成了葉卡捷林娜宮的代名詞。

二次大戰期間，德軍攻入聖彼德堡，由於種種因

素，蘇聯政府未能將「琥珀屋」及時轉移。納粹組織
將王宮中的「琥珀屋」拆卸了下來，裝滿27個箱子運回
了德國柯尼斯堡，也就是戰後成為蘇聯領土的加里寧格
勒。「琥珀屋」曾在那裡的美術館展出，但在蘇軍1945
年攻城前，「琥珀屋」突然不知去向。而此前一直負責
琥珀收藏品管理工作的哥尼斯堡美術館館長羅德博士卻
在蘇聯專家找到他之前突然「病故」，據說，他的死相
極端恐怖。

　　戰後，蘇聯的一個尋找琥珀屋的組織根據一個德國
人的指點，在波羅的海水中打撈起17個箱子，可是，箱
內裝的不是琥珀屋，而是滾珠和軸承。這一曠世寶藏就
這樣從世人眼中失去了蹤影。

　　從二次世界大戰至今的60多年間，無論是前蘇聯
和前東德政府，還是來自世界各地的尋寶者，都對被納
粹掠走的「琥珀屋」傾注了滿腔熱情。一些歷史學家相
信，1945年，絕望中的納粹無力將大批寶物轉移，「琥
珀屋」應該不會轉移出柯尼斯堡，它也許被納粹藏了起
來，納粹德軍顯然夢想在擊敗盟軍後，再重新取出這些
財寶。有人說，「琥珀屋」已安全轉移，隱藏在柏林附

— 指引黃泉路的神奇寶藏 —

近一座早已廢棄的銀礦，也有人說是被隱藏在波羅的海岸邊的一座城堡裡，甚至有人願意相信「琥珀屋」早已被納粹分子偷運到了南美。然而近些年來，越來越多的歷史專家和尋寶獵人們都相信，納粹可能將從聖彼德堡劫掠來的財寶——包括27箱被拆整為零的「琥珀屋」，全都沉到了奧地利中部山脈中的托普利茨湖底！

　　托普利茨湖超過1英里長，深103米。在二戰發生後，希特勒的軍隊曾將該湖用於祕密的水底炸彈和水下火箭實驗。但二戰末期，預感末日來臨的納粹德軍又將許多他們想藏匿的東西都投棄到了托普利茨湖底。在過去幾十年中，托普利茨湖就一直和納粹寶藏聯繫在一起，並且吸引了眾多尋寶獵人、歷史學家和對納粹寶藏感興趣的人光臨。

　　二戰後，奧地利政府對到托普利茨湖私自潛水發佈了禁令，任何人未獲政府特別許可，禁止再到湖中潛水探險。一些獲得授權潛入湖底的探險家們並沒有發現納粹寶藏，只不過找到了一些戰爭遺物，譬如一些英鎊假幣，納粹曾試圖用這些假幣來擾亂英國的經濟；官方潛水者還找到了一些假郵票、炸藥、武器和其他紀念物。

然而，奧地利當地政府承認，許多「尋寶獵人」經常偷偷潛入湖底，夢想尋到納粹寶藏，他們無法說出托普利茨湖到底發生過多少次非官方潛水尋寶行動。但可以肯定的是，雖然許多尋寶者送出了性命，但並未找到「琥珀屋」。

　　在1945年和1950年，曾在一個祕密「納粹研究站」工作的兩名前雇員悄悄返回托普利茨湖，然而他們卻死在了一場神祕的登山事故中。據當地人稱，這兩人橫死前不久，曾在該地區進行過挖掘。

　　然而，來自美國「全球探險公司」的探險家們認定琥珀屋就在托普利茨湖，他們還找到了一些當年的目擊者記錄：1945年5月，納粹餘孽曾經將成車成車的沉重箱子沉入了托普利茨湖底。目擊者對這些箱子的描述，完全和那些裝著「琥珀屋」的板條箱相符。

　　據說一些探險家已經潛入到托普利茨湖底，並且發現了一個巨大的刻著俄羅斯文字的板條箱。還有未經證實的謠傳稱，探險家們已經在湖底找到了「琥珀屋」！然而美國「尋寶獵人」們卻對他們發現了什麼守口如瓶。

消息到底是真是假，現在還無法確定。也許，被稱爲「世界第八奇蹟」的「琥珀屋」，還要在某個角落沉睡若干年。

洛豪德島寶藏之謎

為了追尋寶藏，許多人葬身洛豪德島，海盜的遺產到底在哪裡呢？

　　在澳大利亞有一個名爲洛豪德的小島，該島如同大洋中千千萬萬個小島一樣，景色平凡無奇，並非鳥語花香、景色宜人的旅遊勝地，然而，「島不在美，有寶則名」，正是這樣一個小島，卻吸引了無數人的目光，許多人不惜冒著生命危險到島上探險。

　　原來，平凡的洛豪德島被稱爲「藏金島」，相傳島上藏有無數財寶，周圍海底也鋪滿耀眼炫目的寶石。而這些寶藏與16世紀被海盜搶劫的「黃金」號商船有關。

　　關於「黃金」號商船，有這樣一段神祕的故事：在16世紀50～70年代，西班牙人沿著哥倫布的航跡遠征美洲，在那裡，他們燒殺搶奪，從印第安人手裡掠奪了無數金銀珠寶，然後載滿船艙準備回國。然而，商船的

— 指引黃泉路的神奇寶藏 —

祕密被海盜們覺察了。於是，海盜們瘋狂地襲擊每一艘過往的商船，慘殺船員，搶奪了大量財寶。由於財寶太多，海盜們的船太小，無法全部帶走，於是海盜商量先帶走一部分珠寶，將剩餘部分埋藏在洛豪德島，並繪製了藏寶圖，以便日後來取。海盜們歃血為盟，紛紛表示嚴守祕密，絕不私吞，以圖永享這筆不義之財。然而海盜們終歸是海盜，沒有信用可言。一批海盜將帶走的財寶揮霍完之後，悄悄返回洛豪德島企圖獨吞寶藏。然而別的海盜也有同樣的想法，於是一時間血肉橫飛，一場火拼後許多海盜被殺死。失敗者留下了具具屍體倉皇逃走了，勝利者則攜帶藏寶圖混跡天下，過著花天酒地、驕奢淫逸的生活。從此，藏金島的傳說也不脛而走，風靡世界。

17世紀70年代，一位名叫威廉‧菲波斯的人在偶然間發現一張有關洛豪德島的地圖，圖上標有西班牙商船「黃金」號的沉沒地，似乎是傳說中洛豪德島的藏寶圖。菲波斯驚喜若狂，感覺到一個發財的機會到來了。

菲波斯進行了一番準備，然後揣著這張不知真假的藏寶圖，登上荒涼的洛豪德島，四處勘察。然而尋找了

很久，菲波斯仍然一無所獲。正當他滿懷失望，在海灘徘徊的時候，無意中一隻腳陷入沙中，他明顯地感覺到觸及一塊異物，於是立刻挖掘起來。不一會兒，一叢精美絕倫的大珊瑚出現在菲波斯面前，而在珊瑚內竟又藏有一只精緻木箱，箱中盛滿金幣、銀幣和珍奇寶物。菲波斯狂喜萬分，他在島上待了3個月，瘋狂地尋覓，收穫頗豐。3個月後，菲波斯揚帆起航，整整30噸金銀珠寶裝滿了他的縱帆船，他終於實現了發財夢。

自此，人們知道了洛豪德島的祕密，紛紛上島尋寶。一時間，許多真真假假的「藏寶圖」應運而生，充斥歐洲，高價出賣。不少發財狂為了實現發財夢，重金購買「藏寶圖」，不惜血本。

然而，尋寶的結果並不像菲波斯那麼幸運，來島上尋寶的人中，或葬身海底，或暴死荒島，或苦苦尋覓，久遠蹤影。於是，海盜的遺產成了一個充滿誘惑的謎團，洛豪德島也為世人所熟知。

恐怖的亞利桑那州金礦

恐怖的亞利桑那州金礦讓很多人喪失了性命，卻始終沒有找到它的入口。

亞利桑那州是美國西南部內陸州，南與墨西哥接壤，別稱大峽谷州。亞利桑那州礦產豐富，是美國最大的銅礦產區，還有石油、金、銀等。

亞利桑那州北部是科羅拉多高原，多山地丘陵。在綿延的群山裡，有一個稱為迷信山的山區，這裡荒草叢生，怪石崢嶸，猛獸出沒，到處是兇狠的響尾蛇。在山中的某一個不知名的地方，有一座被人們稱為「迷失荷蘭人金礦」的礦井，多年來吸引著無畏的探險者們前往尋寶。

那麼，「迷失荷蘭人金礦」因何而來呢？那裡真的有寶藏嗎？

故事要追溯到1840年末。當時，一位名叫伯蘭塔的

探險者深入山區，幾經艱險，終於發現一處礦藏豐富的金礦。由於當時不具備開採的條件，伯蘭塔便仔細地作了標記，以便日後開採，終生享盡榮華富貴。

然而，世上沒有不透風的牆，後來，伯蘭塔找到金礦的消息被許多人知道。為了尋找寶藏，很多尋寶人來到亞利桑那州。由於山區自然環境惡劣，野獸眾多，使很多人不幸葬身荒野。當地的土著印第安人為了保護金礦，總是沿途伏擊尋寶人，許多人因此而慘遭伏擊身亡。寶藏總是伴隨著神祕與風險，在通往黃金通路上障礙重重，充滿了恐怖的氣氛。

後來，據說有一位名叫華茲的德國探險家找到了這處金礦，他經常在山上待上兩三天，然後神祕地潛回老家，每次總會捎上幾袋高品質的金砂，讓人非常羨慕。同時，知道這個金礦地點的還有他的兩個同伴，但是後來他們倆全被人神祕地殺害了，兇手是誰？不得而知，大概會和這座金礦一樣成為永久的祕密。

1891年，華茲死於肺炎，他在臨終前畫了一張地圖，標明了這處金礦的位置。1931年，一位名叫魯斯的男子透過種種途徑弄到了這張不知真偽的地圖，於是他

— 指引黃泉路的神奇寶藏 —

攜帶地圖，進入了迷信山山區，然而他卻一去不返。6個月後，有人在山區發現了他的頭顱，頭上中了兩槍，樣子很慘，除此之外，再無別的痕跡。那麼殺手是何人呢？他為何要殺魯斯呢？

1959年，又有3位探險家在迷信山山區遇害，是誰殺了他們呢？無論怎樣，兇手肯定是金礦的知情人，他們試圖保留這個不是祕密的祕密。然而，這一切阻止不了倔強的尋寶人，因此，探險家的身影、槍聲、腥血、響尾蛇、荒野的呼嘯，構成了亞利桑那金礦恐怖的色調。籠罩在迷信山山區的迷霧更加使人混沌不安。

「迷失荷蘭人金礦」，是世界上千千萬萬個已知或未知寶藏的一部分，它們是已經產生或未產生的驚險故事的線索，無疑，它給人以驚喜、疑慮、遺憾和悲傷。

愛爾蘭丹漠洞遺址寶藏

丹漠洞遺址裡的寶藏是一段黑暗歷史的見證，它將永遠
被人們所銘記。

　　愛爾蘭的基爾肯尼郡是一個風光旖旎的地方，也是
愛爾蘭最重要的旅遊城市之一。每年都有數以萬計的遊
客來到基爾肯尼，他們除了欣賞愛爾蘭美麗的風光外，
最主要的目的就是參觀一個神祕的地方──丹漠洞遺
址。

　　丹漠洞是一個巨大的溶洞，其本身並沒有特別的地
反，但溶洞不平常的經歷和洞中神祕的寶藏讓它的地位
極為特殊。

　　在愛爾蘭，丹漠洞被稱為最黑暗的地方，因為這個
洞穴記錄了一次慘無人道的大屠殺，是愛爾蘭人悲慘歷
史的見證。西元928年，挪威海盜侵略愛爾蘭，對基爾肯
尼附近一帶進行了洗劫。當時居住在丹漠洞附近的居民

為了逃命，在海盜襲來的前幾個小時集體躲到洞中。丹漠洞地形複雜，有一連串的小洞穴相連，避難的人認為這是絕佳的藏身之地。他們認為海盜搶完東西後就會離開，然而由於丹漠洞的入口太過明顯，海盜很快就發現了洞中的祕密，於是，殘忍的海盜開始了一場血腥的大屠殺。海盜進入洞裡，把所有發現的人都殺死，估計有1000多人。殺完人後，海盜又在洞口守了半個月，導致沒有當場被殺死的人都因染病或者饑餓而死。

在之後將近一千年的時間裡，丹漠洞成了愛爾蘭的「地獄入口」，洞中的恐怖經歷使得沒有一個人敢進入洞中。1940年，一群考古學家開始對丹漠洞進行考察，僅僅在一個小洞穴裡他們就發現44具骸骨，多半是婦女和老人，甚至還有未出世的胎兒的骨骼。死者的遺骸證實了丹漠洞曾經發生的悲劇，1973年愛爾蘭將丹漠洞定為國家博物館，每年都有無數的遊客前來紀念那些慘遭屠殺的人。

然而，丹漠洞的故事到這裡還沒有結束。1999年，一個導遊的偶然發現證實，這裡不僅是黑暗歷史的紀念館，沉默的洞穴中還隱藏了永恆的寶藏。

1999年冬天，一個導遊準備打掃環境，清理遊客留下的垃圾，於是去了很多平時根本不會去的洞穴。在一個離主路很遠的小洞裡，導遊突然看到一塊綠色的「紙片」粘在洞壁上，他以爲那是一張廢紙，於是走上前去想把「紙片」撕下來，然而當他走近的時候，赫然發現那根本不是什麼紙片，而是從洞壁的狹縫中發出的閃閃綠光。導遊用手指往外摳，結果摳出一個鑲嵌著綠寶石的銀鐲子！

　　誠實的導遊馬上報告了政府，在接下來的3個月裡，愛爾蘭國家博物館的工作人員從那個狹縫中挖出了幾千枚古錢幣，一些銀條、金條和首飾，另外還有幾百枚銀制鈕扣。據推測，這些寶物應該是當時躲藏的人隨身攜帶的。也許爲了讓財物更安全，他們把值錢的東西集中起來藏在一個隱蔽的小洞裡，甚至把衣服上的銀鈕扣都解了下來。海盜之所以屠殺所有的人，也許和沒能搶到財寶有關。

　　由於在潮濕的洞裡待了一千多年，挖出來的寶物都失去了原有的奪目光彩。愛爾蘭國家博物館的幾十個專家工作了幾個月才讓所有的藝術品和錢幣重現光彩。

── 指引黃泉路的神奇寶藏 ──

丹漠洞遺址寶藏是愛爾蘭最重要的寶藏，也是最特殊的寶藏，它們被收藏在國家博物館，一直沒有完全對外展示過。雖然寶物數量不是最多，但其歷史價值和考古價值遠遠超過其本身價值，有一些寶物在所有和海盜有關的文物中都是獨一無二的，具有很高的價值。

　　一千多年前在丹漠洞中慘遭殺害的人現在可以安息了，他們為之喪命的財寶現在成了愛爾蘭的國寶，將永遠聆聽世人的驚歎和讚美，人們也將永遠緬懷這些不幸的人們。

克羅斯威諾爾珍寶之謎

克羅斯威諾爾已經在海底躺了幾百年，也許它還要繼續躺在海底。

在非洲南端好望角附近，一直流傳著克羅斯威諾爾珍寶的故事，據說遭遇海難而沉沒的「克羅斯威諾爾」號船上載有無數的珍寶，非常誘人。有這樣一份財寶清單：金剛石、紅寶石、藍寶石和翡翠19箱，價值51.7萬英鎊；金錠，價值42萬英鎊；金幣，71.7萬英鎊；白銀1450錠。二百多年以來，渴望得到「克洛斯維諾爾」號沉船上巨額財寶的人，始終沒有停止過他們的海上尋寶活動。

1782年6月15日，一艘三桅大帆船「克羅斯維諾爾」號離開錫蘭港，在一望無際的印度洋上航行。船上有150名乘客，還有數不勝數的貴重物品。8月4日，當船航行到非洲東南角沿海時，突然遭遇強勁的風暴。大風

把船吹向海岸，船漸漸失去控制，儘管船長採取了應急措施，還是無濟於事，木船飛速地向著懸崖峭壁撞去。倉皇之下，134人跳入大海，而幾個未能上岸的水手和巨額的財寶，隨著千瘡百孔的帆船葬身海底。遇難地點距好望角約507海浬。

死裡逃生的乘客雖然登上海岸，但面對的是荒無人煙的熱帶森林，生存異常困難。他們在山林中苦苦掙扎，用野菜充饑，一步步向著好望角前進。不幸的是，一些人死於野獸之口，另一些人又死於野菜中毒。到達好望角時，只剩下六個倖存者了。事後，他們把海難經過和叢林歷險寫成書，流傳於世，引起了轟動。但是，最使人們感興趣的不是他們的經歷，而是船上的巨額財寶。

沉入海底的珍寶吸引著一批又一批的尋寶者前往尋覓。1787年，人們首次對沉船進行搜索和打撈，但因找不到沉船的確切位置，不得不以失敗告終。1842年，一位船長與十位馬來西亞潛水夫合作，在沉船海域尋找了十個月，終於發現了沉船殘骸，並踏上了沉船甲板，但未能掀起沉重的貨艙蓋。他們向英國皇家海軍求助，由

於當時潛水技術的落後而無能爲力。過了不久，沉船漸漸被泥沙掩埋了。

1905年，一群熱衷於水下探寶的人組成「克洛斯維諾爾號打撈公司」，並派人前去勘查。勘察人員用鑽機找到了沉船，在鑽取的泥芯中有250個古錢幣，後來公司又從船上層甲板上取下了十三門大炮。但由於技術所限，打撈人員不能長時間潛入水下作業，因而無法尋得埋藏在深處的財寶。

1921年，一位陸上黃金採礦者再次組織了「打撈公司」。公司足足花了三個月時間，經過艱苦的鑿岩作業，從岸邊40米深處開鑿了一條210米長的隧道，終點正好在沉船底下9米深處。當向上開鑿時，還未接觸船體，比較鬆軟的海底沉積層便塌陷了，海水湧進了隧道。曾有一名勇敢的潛水夫進洞摸到了木質船底，但因無法在水下久留而無法撈金。後來，隨著時間的流逝，隧道也塌崩堵塞，漸漸消失了痕跡，最後沉船位置也無人知曉了。

許多年過去了，但是人們尋找海底沉寶的夢並沒有隨著失敗而破滅。隨著打撈能力的提高，人們又燃起了

— 指引黃泉路的神奇寶藏 —

打撈沉寶的念頭，然而，「克洛斯維諾爾」號現在究竟在哪裡呢？它上面究竟有沒有如此巨量的財寶？這些財寶是否已有人偷偷地撈走了呢？這些問題直到現在仍然充滿著謎。

九死一生的恐怖謎團
北緯30度的恐怖死亡

夏朗德人的聖寶之謎

夏朗德修道院裡的修道士都被殺死了，寶藏之謎也就無人能解得開了。

　　夏朗德位於法國西南部，居民雖然只有一千多人，但卻是一座歷史名城。在夏朗德，一直流傳著一個夏朗德修道院聖寶之謎，數百年來，人們一直在尋找聖寶，但始終未能找到。

　　1569年，法國科利尼地區海軍司令手下的一名中尉羅日‧德‧卡爾博尼埃男爵在佔領夏朗德以後，不僅縱火燒毀了夏朗德修道院，還屠殺了所有的修道士。這座中世紀早期的歷史瑰寶，在經歷了整整40年的興盛變遷後，還是被無情地毀滅了。大難之前，雖然修道士們早已把聖物和財寶隱藏了起來，然而，由於沒有一個修道士倖存於世，這批聖物和財寶的下落也就成了千古之謎。

幾百年來，夏朗德居民一直都會不時地奇蹟般地發現閃閃發光的金銀財寶和各種罕見的聖物。這也許是財寶埋藏的位置造成的，這一位置形成巧妙的折射現象，將金銀財寶和聖物顯現出來這使人們更加堅信這筆財寶一定保存於此。

　　這些珍寶究竟藏在何處？這是一個十分難解的謎。據人們猜測，珍寶極有可能藏在地下通道裡。在夏朗德的地下，佈滿著縱橫交錯的通道，這些地下通道大部分都跟地面建築物接通，四通八達。由於年久失修，這些地下通道或被居民隔斷，或早已塌方，所以要清理發掘這些地下通道幾乎已不可能。要尋找聖寶，必須尋找其他線索。另外，各種傳說也許能為尋寶提供一些有價值的線索。

　　1568年，有一個名叫克萊蒙的年輕牧人為了逃脫胡格清派（16～18世紀法國天主教徒對加爾文新教徒的稱呼）的迫害，躲進夏朗德附近的一個山洞中。在山洞中他偶然發現一個地下通道網。他沿著其中一條地道一直走了兩天，發現有一個出口就在離夏朗德4公里處一個極為隱蔽的地方。據克萊蒙講，這條地道之寬，而且，

九死一生的恐怖謎團
北緯30度的恐怖死亡

地道裡還有一大一小兩座教堂。這說明地道可能用來藏寶、作戰、修道等。

　　克萊蒙的這次奇遇在他的子孫中間一直流傳著。據分析，克萊蒙的傳說可能是真實可靠的。因為，據住在離夏朗德附近4公里處的巴羅尼埃小村裡的村民回憶，以前曾經有人發現山洞裡的地道，地道裡有教堂一樣的大廳，並且一直延伸到夏朗德城的楠特伊。另外，據當地傳說，聖索弗爾修道院當年曾築有一條20公里長的地下通道，可以直達復朗德城的楠特伊修道院。因此，如果牧羊人克萊蒙所說的話是真的，那麼夏朗德修道院的財寶聖物珍品，如金盤子、枝形大燭臺、餐器，很可能藏在那裡。

　　前幾年，夏朗德有一群孩子在玩捉迷藏遊戲時，在佩里隆家所在地區的一幢老房子下面發現過一條地道。孩子們非常好奇，他們偷偷溜進地道中，藉著手電筒的亮光，沒走多久就發現遠處有一個帶三個跨度的拱頂大廳，裡面還有一個石頭祭台。它很可能是一座地下教堂。修地下教堂的目的何在？有的歷史學家認為這完全是出於一種宗教虔誠，有的人認為小教堂也許是一種代

— 指引黃泉路的神奇寶藏 —

表很可能是指明財寶藏於何處的標示。

　　然而，從地下小教堂大廳伸延出去的地道已經有三分之一被塌下來的土所填滿。據曾經進入地道的人分析，過去可能有人進入過這個地道，他們很可能發現了一筆財寶，但在挖掘時，由於誤觸了機關而使地道塌方，結果人財兩空。許多人都相信這一看法。

　　當地人還說，有一條從一個穀倉底下開始的地道可通到聖索弗爾修道院及其四周附屬的8座教堂。這條地道可通往一座地下小教堂，並繼續通往巴羅尼埃村附近的一個山洞。從這個山洞進去，可直達一座地下大教堂，在大小教堂底下還有一些地道通往神祕的地方，這些地方也許藏著巨額財寶。

　　總之，在佈滿著迷宮一般的地下通道和大小教堂的古城夏朗德，有著足以勾起世人探索欲望的珍寶、聖物，也有著令人浮想聯翩的傳說。在夏朗德人腳下，祖先們留下來的聖寶仍然在沉睡著。

神祕的橡樹島寶藏

神祕的橡樹島寶藏經過兩個多世紀的挖掘，卻始終沒有顯現出它的神祕之身。

橡樹島又名奧克島，位於加拿大新斯科舍省東海岸3英里處，是一個極小的小島，總共也就是一個中型體育場那麼大。這個名字的來源，是因為島上曾生長著一棵很大的橡樹。雖然今天那裡已經沒有橡樹了，但橡樹島這個名字卻留了下來。

17世紀，橡樹島曾是海盜頻繁出沒之地。自1701年一個叫做威廉・基特的著名海盜在英國倫敦被處決時透露橡樹島藏有大量黃金寶藏後，數百年來，橡樹島一直吸引著世界各地眾多尋寶者的目光。20世紀60年代，人們估計橡樹島底下的寶藏至少價值1000萬美元，甚至有人估計達1億多美元。

1795年10月，3名當地男孩到島上探險，他們發現

— 指引黃泉路的神奇寶藏 —

朝海一面的大片紅橡樹林中突然出現空曠地，地中間獨立著一棵古橡樹，在這棵大樹離地面3米多高的地方，有根粗樹枝被鋸掉了許多，殘樹枝的上半部，被劃出幾道深深的刀痕，彷彿掛過一個古船的吊滑車，樹的正下方則是一個淺坑，地面有些下陷，很像曾經埋過的樣子。這一發現使他們立刻想到，可能是海盜在此埋下了寶藏。3個少年感到無比興奮，他們立即開船返程，回去準備一套挖掘工具，再次來島上掘寶，希望能挖到一些財寶。然而那坑像一口枯井，每隔10英尺就挖到一塊橡木板，最終他們一無所獲而去。

1803年，一位年輕的醫生組織了一支尋寶隊伍來到島上挖掘財寶。經過大約2年的努力，將洞穴挖到27米深，這時他們發現了一塊刻有神祕符號的石頭，經專家破譯意思是：在此下面12米處藏有2000萬英鎊金幣。尋寶隊伍欣喜若狂，他們一邊抽水一邊挖掘，終於在30米深處觸及了類似箱子的硬物。然而第二天，他們驚訝地發現坑中積水竟突然上升18米，於是希望又成為泡影。尋寶隊伍並不因此而洩氣，後來又陸續做過15次挖掘，耗資達300萬美元，但全都無功而返，這個坑也被人稱為

無底洞「錢坑」。

1850年，又有一支新的尋寶隊伍企圖找到橡樹島上的寶藏。他們運來了大型鑽機，在原先的第一個坑裡，一直鑽到30米深，結果發現一條金錶鏈和3個斷裂的鏈環。操縱鑽機的工人感到鑽頭彷彿在一大塊金屬之中旋轉，鑽頭接觸到的物體可能是一隻巨大的箱子。然而就在這時，冬天來了，他們只得停工。

第二年春天，探寶隊回到島上繼續挖掘。在離原坑大約1米的地方，他們又挖了一個新坑，到夏天結束之前，這坑已挖掘到33米深，而且鑽頭感覺到下面有大塊的金屬。正當大家確信勝利在望時，歷史又重演了以往的一幕，大水突然灌進新坑，坑裡的工人差一點被淹死。由於抽水工作毫無效果，人們不禁開始納悶，這神祕的水究竟來自何方？經過一番搜索，他們發現，海灘上有一條巧奪天工的地道，從大西洋直接通往藏寶坑。當然，誰都無法把大西洋的水抽乾。於是人們試圖造一座大壩來擋住海水，可建造費用太昂貴，結果沒有成功。

後來，其他尋寶者來到島上，又挖了許許多多坑，

弄得這一帶面目全非。儘管人們作出了巨大的努力，但誰也無法克服守護寶藏祕密的人設下的人為障礙。

1893年，人們再次來到島上發掘寶藏。這次在原來的坑裡再往下鑽了45米後，掘出了一些水泥般的東西，上面則又是一層木板。更令人驚異的是，鑽機還帶上來一張用墨書寫的羊皮紙。興奮不已的尋寶者加緊工作，就在這時，他們又發現了一個海水入口，海水再次把深坑淹沒，尋寶工程又以失敗而告終。

據官方統計，從1795年至今，這些尋寶隊伍在島上的藏寶洞中一共只挖掘出三個銅鏈、一小片羊皮紙、一塊刻著奇怪符號的石頭。而已有二十五個尋寶公司因投入巨額資金最後兩手空空而破產。在二百多年的反覆挖掘中，有的人仰天長歎知難而退，有的人鍥而不捨一意孤行，有的人傾家蕩產，有的人抱恨終生，有的人葬身海底，但沒有一個能夠如願以償。

橡樹島的地下究竟埋有什麼寶藏？是誰埋下的？在取得最後的結果以前，任何人都無法回答。但是，橡樹島對尋寶者的誘惑卻是永恆的。也許，人們尋找的並非寶藏，而是一個永遠無法挖掘的祕密。

魯賓遜島的黃金之謎

因《魯賓遜漂流記》而得名的智利「魯賓遜‧克盧梭島」，一直傳說著寶藏的祕密。

　　魯賓遜‧克盧梭島又叫魯賓遜漂流島，位於智利海港瓦爾帕萊索以西670公里的南太平洋上，是胡安‧費爾南德斯群島中的第一大島。它原名馬薩蒂艾拉島，後來以英國作家丹尼爾‧笛福的著名小說《魯賓遜漂流記》中主角魯賓遜的名字重新命名。

　　1547年11月22日，西班牙船長胡安‧費爾南德斯在途經太平洋時發現了一個海上火山島。他根據天主教曆法把這個小島命名為「聖‧賽西利亞」。1704年，一艘名為「五港號」的船到南太平洋進行私人考察，蘇格蘭水手亞歷山大‧塞爾柯克因與船長發生糾紛，被趕上該島。他帶著一支獵槍、一把匕首、一把斧頭、一磅火藥、一些菸草和一本《聖經》，憑藉驚人的毅力和旺盛

─ 指引黃泉路的神奇寶藏 ─

的求生本能，獨自一人生活了4年零4個月。英國記者丹尼爾‧笛福據此寫成著名的《魯賓遜漂流記》。塞爾柯克獨居的小島因此得名「魯賓遜‧克盧梭島」。他居住的山洞，後來被稱作「魯賓遜山洞」，這個深達9米的山洞至今猶存。

從1940年開始，魯賓遜‧克盧梭島突然變得熱鬧起來。一批又一批尋寶者帶著大量的古代文獻資料和現代化的開採工具來到這個小島，開始在島上各處日夜不停地挖掘。

原來，有人根據古代史料發現，二百多年前，英國海盜安遜曾在這個小島埋藏了846箱黃金和大量的寶藏。

喬治‧安遜是一位被英國女王加封的勳爵，但他同時又是一個聲名顯赫的海盜。1774年，英國海軍部委託這名海盜去掠奪非洲南部西班牙帆船和殖民地上的財物。安遜把魯賓遜‧克盧梭島作爲大本營和避難所，每次出海都是從魯賓遜‧克盧梭島出發。

一次，安遜掠奪了一艘西班牙運寶商船。據說，他那次共搶得846箱黃金和寶石，總價值高達100億美元，屬於歷代以來最爲巨大的一筆海盜財寶。後來，在西班

牙當局窮追不捨的追捕之下，安遜撤回到魯賓遜‧克盧梭島隱藏起來。最終，他打定主意，把這批黃金埋藏起來。於是，安遜趁夜間將寶藏埋藏在一個洞穴裡，並在羊皮紙上詳細記錄了洞穴周圍的環境、沿途的各種地形、地貌特徵，決定以後一旦時機成熟就來島上挖掘寶藏。

後來，由於「戰績」顯赫，安遜被英國女王封為勳爵。礙於冠冕堂皇的身份，安遜沒有機會再到魯賓遜‧克盧梭島來尋找那批黃金，只能玩味著那張他當年畫下的藏寶圖。

1940年，這個小島開始變得熱鬧起來。一批又一批各種身份的尋寶者帶著不知從哪得來的大量的文獻和史料來到魯賓遜‧克盧梭島，開始搜尋那裡的每一寸土地，日夜不停地挖掘。然而，經過幾年折騰之後，這些人全都兩手空空地離開了。

到了20世紀80年代，魯賓遜‧克盧梭島上的一場瓢潑大雨再次點燃起尋寶者熱情的火焰。原來，大雨在島上造成了泥石流。雨過天晴之後，有人在山谷中意外發現了裸露在外的好多銀條和少數幾粒紅寶石。於是，人

— 指引黃泉路的神奇寶藏 —

們立刻聯想到是大雨把安遜當年埋藏的寶藏從高處沖刷出來又散落在山谷裡。這個消息沒幾天就像長了翅膀一樣。隨即，大批的尋寶者再次來到這個小島，但是他們又一次失望而歸。

20世紀90年代，一位荷蘭裔的美國人貝爾納得・凱澤對安遜當年埋藏的黃金產生了強烈的興趣。他從島上的居民那裡獲得了有關「安遜黃金」的資訊，便立即開始了搜尋，並自稱找到了那個當年埋寶的深達七米的藏寶洞的確切地點。

智利政府有關部門也很快得到了這個消息，並立即發表聲明，稱這個島屬於智利領土，沒有智利政府批准任何人不得私自挖掘寶藏。隨後，貝爾納得・凱澤與智利政府達成協議：假如他找到那846箱黃金，必須把所得寶藏的75％歸智利政府及魯賓遜・克盧梭島上的居民，剩餘的25％歸魯賓遜他自己所有。然而貝爾納得・凱澤用了各種現代化挖掘工具在島上晝夜不停地挖掘，但收穫的除了石頭還是石頭，最後只好宣佈放棄。智利政府等待的利潤分成也泡了湯。

當然，貝爾納得・凱澤走了，並不等於別的尋寶者

不來。可以確信，在以後的歲月中，只要傳說中安遜的那846箱黃金不見天日，魯賓遜‧克盧梭島就永遠無法安靜。

― 指引黃泉路的神奇寶藏 ―

聖殿騎士團寶藏之謎

關於聖殿騎士團的傳說很多，然而聖殿騎士團的寶藏更是令人們不斷探索。

中世紀歐洲發動的十字軍東侵對東、西方社會歷史發展均產生了重大而深遠的影響，其中聖殿騎士團的歷史作用不可忽視。然而，由於聖殿騎士團的官方檔案已經隨著聖地的喪失而遺失，人們只能透過羅馬教廷檔案的側面記載以及一些零散的資料來瞭解它的歷史。

1096年聖城耶路撒冷被十字軍攻佔後，很多歐洲人前往耶路撒冷朝聖，而這時十字軍的主力已經回歐洲去了，朝聖者在路上常常會遭到強盜的襲擊。1119年，一位法國貴族和其他八名騎士為了保護歐洲來的朝聖者，發起成立了一個宗教軍事修會。由於該修會總部設在耶路撒冷猶太教聖殿，所以叫做「聖殿騎士團」。聖殿騎士團大多都是由基督教騎士組成，也包括少數軍官、教

士和神甫。他們將苦行僧的戒律以及騎士的俠義精神合而為一，身穿鎖環連成的盔甲，披著軍服似的斗篷，看上去威風凜凜。他們的盾牌以黑和白來裝飾，還有一個白底的紅十字，似乎在提醒自己曾在上帝面前發過甘於貧窮的誓言。

聖殿騎士團的最初職能是保護朝聖者和確保朝聖道路的安全，不久其職能就得以擴展，軍事職能遂成為其基本職能。隨著軍事力量的增長，其政治作用也不斷增強。它不僅在十字軍國家的政治中具有舉足輕重的地位，而且不同程度地影響了歐洲政治。

聖殿騎士團成立後，由於對伊斯蘭教徒同時也對墓督教徒進行敲詐勒索，加上朝聖者大量無私的捐贈以及教皇給予的種種特權，從而積聚了相當可觀的財富。由於他們生活奢侈，貪得無厭，熱衷祕術，又密謀參與政治活動，終於引起歐洲各國國王和其他修會的不滿。1312年，羅馬教皇克雷芒五世不得不正式宣佈解散聖殿騎士團。

1307年10月5日，法國國王菲力浦四世下令逮捕所有在法國的聖殿騎士團成員，想透過沒收聖殿騎士團的

巨額財富來補充日趨窘困的財政開支。但是，聖殿騎士團卻巧妙地把大量財富隱藏了起來。有人說，羅馬教皇在法國國王採取行動的前幾天曾經悄悄地給聖殿騎士團通風報信。

據歷史記載，當聖殿騎士團大祭司雅克・德・莫萊在獄中獲悉法國國王要徹底摧毀該修會時，便讓自己的侄兒基謝・德・博熱伯爵祕密繼承了大祭司的職位，並讓他發誓將來拯救聖殿騎士團，將一些財寶一直保存到「世界末日」。據說，在他墓穴裡珍藏著聖殿騎士團的檔案，透過這些檔案，就可以找到許多聖物和珍寶，其中包括：耶路撒冷國王們的王冠、所羅門的七支燭臺和四部有聖・塞皮爾克勒插圖的金福音。同時，在大祭司墓穴入口處的祭壇邊上有兩根大柱子，柱子的頂端能自行轉動，在柱身裡藏著聖殿騎士團積蓄的巨額財寶。

1314年，雅克・德・莫萊大祭司被法國國王處死後，基謝・德・博熱伯爵成立了一個「純建築師」組織，並請求法國國王准許把莫萊的屍體埋葬到另外的地方。國王同意了。於是，博熱乘機從聖殿騎士團教堂的大柱子裡取走了黃金、白銀和寶石。他把這些財寶藏在

棺材和箱子裡，轉移到了安全的地方。由於聖殿騎士團長期熱衷於祕術，有自己獨特的一套神祕符號體系，他們就是用這種符號體系和祕密宗教儀式來隱藏和重新取出他們的珍寶。正因為這樣，對於聖殿騎士團巨額財寶的下落至今仍然眾說紛紜，成了一個難解的歷史之謎。

有人根據當地的傳說和發現的聖殿騎士團的神祕符號，認為藏進棺材和箱子裡的財寶現仍在法國羅納省博熱伯爵封地附近的阿爾日尼城堡裡。據稱，那裡除祕藏著聖殿騎士團的金銀珠寶外，還有大量的聖物和極其罕見的檔案。

1952年，對聖殿騎士團神祕符號體系頗有研究的考古學家和密碼學家克拉齊阿夫人，在對阿爾日尼城堡進行實地考察後聲稱「我深信聖殿騎士團的財寶就在阿爾日尼。我在那裡找到了可以發現一個藏寶處的關鍵符號。這些符號從在進口大門的雕花板上開始出現起，一直延續到阿爾錫米塔樓，那裡有最後一些符號。我認出了一個埃及古文字符號，它表明，除有宗教聖物外，還有一筆世俗財寶。」

巴黎人尚皮翁對聖殿騎士團的寶藏深感興趣，曾經

— 指引黃泉路的神奇寶藏 —

在祕術大師、占星家阿芒・巴波爾和對聖殿騎士團祕術有專門研究的作家稚克・布勒伊埃的指導下，對阿爾日尼城堡進行過發掘。由於對刻在建築物正面的神祕符號的內涵始終束手無策，結果一無所得。

那麼，聖殿騎士團的財寶是否藏在阿爾日尼城堡呢？城堡現主人雅克・德・羅斯蒙先生說：「聖殿騎士團的財寶可能埋藏在這裡。但是，我們目前沒有確切的理由去拆毀這座建築物裡那些令人肅然起敬的牆。也許將來的某一天，未來的科學技術能為我們指點迷津。」

法國「尋寶俱樂部」根據最新發現的資料認為，聖殿騎士團的財寶可能隱藏在法國夏朗德省巴伯齊埃爾城堡。城堡四周曾有三大塊聖殿騎士團的封地，人們透過發掘墓穴發現了許許多多令人暈頭轉向的聖殿騎士團留下的符號。

還有人認為，聖殿騎士團的另外一些財寶可能隱藏在法國的巴茲斯・阿讓以及安得爾・盧瓦爾的拉科爾小村莊附近。因為在法國瓦爾市的瓦爾克奧茲城堡的牆上也刻著聖殿騎士團的神祕符號，也有關於聖殿騎士團把財寶隱藏在那裡的傳說。

法國歷史學家讓·馬塞洛認為，在法國都蘭的瑪律什也可能會找到聖殿騎士團的藏寶，那裡以前曾是聖殿騎士團的「金缸窖和銀缸窖」的所在地。

　　總之，人們認為，聖殿騎上團確實把一大批財寶隱藏起來了，但是，當年威風凜凜的聖殿騎士團究竟把寶藏隱藏在哪兒呢？他們那些刻在石頭上的神祕符號到底意味著什麼呢？其謎底也許就像刻在石頭上的神祕符號一樣令人難以捉摸！

「希望」鑽石之謎

「希望」鑽石是一塊厄運之鑽，擁有它的主人相繼離奇的死亡，直到被捐獻給美國的史密森研究所，厄運才得以中止。

　　美國華盛頓史密斯研究院的珠寶大廳裡，有一個防彈玻璃櫃，裡面陳列著一顆由62塊小鑽石裝飾著的稀世之寶——「希望」藍鑽石。300多年以來，它給佔有它的人帶來的厄運比所有巫師的詛咒還要壞。這使它蒙上了一層極其神祕的色彩，因而又有「神祕的不祥之物」之稱。

　　「希望」藍鑽石問世於500年前。在蝠基伯那河畔的一座廢棄的礦井裡，一個路過的老人偶爾瞥見一塊熠熠閃光的石頭。經辨別，竟是一枚碩大的藍鑽石。老人請工匠將鑽石進行粗加工，加工後的藍鑽石還有112.5克拉。

路易十四時代之後，法國珠寶商塔沃尼在印度從當地王公貴族那裡用翡翠換取了價值33萬美元的寶石，其中包括這顆名貴的藍鑽石，44塊較大的鑽石和1122塊小鑽石。他回到法國後，這塊藍鑽石落入法王路易之手，取名為「王冠藍鑽石」，並將其重新切磨成雞心型，重量為67.125克拉。此後不久，災難就降臨到法王路易的身上。一天，他最寵愛的一個孫子不明不白地死去了。路易十四受此打擊後，不久也撒手歸天。

　　路易十六在得到了這塊「王冠藍鑽石」後不久，他和王后瑪麗·安托瓦內特在法國大革命的風暴中上了斷頭臺。1792年大革命中，法國國庫遭到劫掠，這顆藍鑽石一度去向不明。

　　神祕的「法國藍寶」給佔有它的主人帶來的厄運比巫師的詛咒還要靈驗，人們視之為不祥之物。儘管如此，世界上還是有許多貪婪的目光盯著它.希冀有朝一日成為擁有它的主人。

　　後來，「法國藍寶」再次在世上出現，為女皇加德琳一世所得。女皇意欲將鑽石鑲在皇冠上，於是命人將「法國藍寶」送至荷蘭，交由堪稱世界上一流手藝的

威爾赫姆・佛爾斯進行精心加工。經過威爾赫姆・佛爾斯的精心雕琢，「法國藍寶」被切割成現在見到的樣子它的每個面都閃著誘人的藍光。加工後的鑽石重44.4克拉。鑽石加工好以後，鑽石匠的兒子不辭而別，將鑽石帶到英國倫敦去了無法交差的鑽石匠服毒自殺，以謝女皇。而他的兒子後來在英國也自殺身亡，死因不明。

幾年之後，英國珠寶收藏家亨利・菲利浦・侯普用9萬美元買到了這顆鑽石，從此這顆鑽石得名「希望」。因為「侯普」（Hope）這個名字在英文中意為「希望」。1839年，老侯普暴死。他的侄子湯瑪斯・侯普繼承了「希望」鑽石。小侯普與他的前人不同，沒有把這顆鑽石藏於密室，而是放到水晶宮展覽館公開展出，據說他後來壽終正寢。

本世紀初，一個叫傑奎斯・賽羅的商人購得了「希望」鑽石，但不久莫名其妙地自殺了。鑽石又流落到一個俄國人康尼托夫斯基手中，此人不久遇刺而死。

「希望」鑽石的下一個主人是商人哈比布・貝，在他將其賣給了一個叫西蒙的人後不久，他和全家人都淹死在直布羅陀附近的海中。而西蒙在把這顆鑽石賣給土

耳其蘇丹阿布達爾二世後，在一次車禍中全家三人都跌到懸崖下死去。西蒙則在一次車禍中全家喪生。

鑽石輾轉到了土耳其蘇丹阿卜杜拉·哈密特二世手中，一個王妃為此喪生，蘇丹本人於1909年被土耳其青年黨人廢黜。

「希望」藍鑽石的下一個主人是華盛頓的百萬富翁沃爾斯·麥克林夫婦。自從擁有這顆鑽石以後，災難就像影子一樣追隨著他們，他們的兒子和女兒先後遭遇了不幸。

1947年，海里·溫斯頓以1500萬美元購進希望藍鑽石，成為鑽石的最近一個主人。此後10年中，溫斯頓帶著這顆鑽石和其他名貴寶石行程64萬公里，在世界各地巡迴展出，為慈善事業募捐經費，先後共有500人參觀過這顆鑽石，共募捐到100多萬美元。1958年，溫斯頓將該鑽石捐獻給了國立自然博物館。整整二十年後，溫斯頓方死於心臟病。

「希望」藍鑽石自問世以來，歷經滄桑，周遊列國，更易的主人有數十人之多。可是「希望」藍鑽石並沒有給佔有它的主人帶來希望，相反，除了少數幾個人

— 指引黃泉路的神奇寶藏 —

外，其餘的主人屢遭厄運，甚至命喪黃泉。這是爲什麼呢？是巧合還是冥冥之中存在著一種人們尚未所知的神奇的力量呢？也許有一天，「希望」藍鑽石能滿足人們探究這個祕密的希望。

至今前往史密斯研究院參觀的人絡繹不絕，人們在讚歎這顆稀世之寶歷盡滄桑的同時，彷彿感覺到那閃閃的藍光在向人們默默地訴說著它那神祕不祥的歷史。

i-smart

智學堂
智慧是學習的殿堂

★ 親愛的讀者您好，感謝您購買 九死一生的恐怖謎團：北緯30度線的恐怖死亡！ 這本書！

為了提供您更好的服務品質，請務必填寫回函資料後寄回，我們將贈送您一本好書（隨機選贈）及生日當月購書優惠，您的意見與建議是我們不斷進步的目標，智學堂文化再一次感謝您的支持！
想知道更多更即時的訊息，請搜尋"永續圖書粉絲團"

您也可以使用以下傳真電話或是掃描圖檔寄回本公司電子信箱，謝謝！

傳真電話：
（02）8647-3660

電子信箱：
yungjiuh@ms45.hinet.net

姓名：_____ ○先生 ○小姐　生日：_____ 電話：_____

地址：_____

E-mail：_____

購買地點（店名）：_____ 購買金額：_____

職　　業：○學生　○大眾傳播　○自由業　○資訊業　○金融業　○服務業　○教職
　　　　　○軍警　○製造業　○公職　○其他_____

教育程度：○高中以下（含高中）　○大學、專科　○研究所以上

您對本書的意見：☆內容　　　○符合期待　○普通　○尚改進　○不符合期待
　　　　　　　　☆排版　　　○符合期待　○普通　○尚改進　○不符合期待
　　　　　　　　☆文字閱讀　○符合期待　○普通　○尚改進　○不符合期待
　　　　　　　　☆封面設計　○符合期待　○普通　○尚改進　○不符合期待
　　　　　　　　☆印刷品質　○符合期待　○普通　○尚改進　○不符合期待

您的寶貴建議：

廣告回信
基隆郵局登記證
基隆廣字第000152號

2 2 1 - 0 3　新北市汐止區大同路三段１９４號９樓之１

智學堂
智慧是學習的殿堂

編輯部　收

請沿此虛線對折免貼郵票，以膠帶黏貼後寄回，謝謝！

智慧是學習的殿堂

永續圖書線上購物網
www.foreverbooks.com.tw

i-smart